読みなおす
日本史

日本の宗教

日本史・倫理社会の理解に

村上重良

吉川弘文館

目　次

この本の読み方

宗教は、わたくしたちの生活に、ふかいかかわりをもっています。こんにちの日本には、仏教、神社神道、キリスト教、新宗教など、さまざまな系統の四〇〇をこえる宗教があり、その活動は、社会全体に大きな影響をおよぼしています。

日本の宗教は、外国人から「宗教の博物館」とよばれるように、世界の国ぐにの中でも例をみないほど多種多様です。寺院、神社、教会、布教所などの宗教施設は二三万余にのぼり、宗教の教職者（有資格者をふくむ）は六〇万人をこえます。宗教の信者は、各教団の公称数を合計すると一億九〇〇〇万人余となり、人口をはるかにうわまわります。これは、神社神道が約六五〇〇万人を氏子崇敬者とみなしているのをはじめ、おおくの教団が過大な信者数を公称し、さらに、ひとりの人が、いくつもの宗教の信者に数えられているためと思われます。

文部省統計数理研究所の「日本人の国民性」調査（一九七八年）によると、宗教を信じている人は国民の約三四パーセント、信じてはいないが宗教をたいせつだと考えている人は約四九パーセントで、八割をこえる国民が、宗教の直接、間接の影響を受けていることがわかります。

日本の宗教は、歴史の歩みとともに展開をとげ、日本文化の形成に重要な役割をはたしてきました。日本では、原始農耕社会で原始神道が形づくられ、古代国家の成立とともに古代神道に発展しました。古代国家の確立期に、中国と朝鮮から仏教、道教、儒教が伝えられ、古代仏教国家の体制がつくられました。平安時代には、新しい国家仏教として、天台宗と真言宗がひらかれました。鎌倉時代には、仏教が民衆の生活にふかく根をおろし、浄土系、禅系、日蓮系などの新しい仏教が生まれました。神道では神仏習合が進みましたが、祭りを中心とする集団の宗教という原始神道いらいの性格は、神社神道として受けつがれました。また、中世の末に、ヨーロッパからキリスト教が伝えられましたが、はげしい弾圧で発展をはばまれました。江戸時代には、幕府にささえられて儒教がさかんとなり、神道と儒教の結びつきが深まりましたが、幕末には復古神道が有力となりました。幕末から明治維新の時期には、習合神道を基盤として創唱宗教がつぎつぎに生まれました。キリスト教もふたたび伝えられ、明治維新後に発展しました。

明治維新によって成立した近代天皇制国家は、皇室神道のもとに神社神道を再編成して国家神道をつくりました。教派神道、仏教、キリスト教は国家の統制のもとにおかれ、国家神道をささえる役割をはたしました。民衆の間からは、神道系、法華・日蓮系などの新宗教がつぎつぎに生まれ、あいついではげしい干渉と弾圧を受けました。太平洋戦争の敗戦によって、信教の自由が実現し、日本の宗教は新しい発展の時代を迎えました。

この本は、こういう日本の宗教の歩みを、歴史の展開のなかでくわしくたどり、おもな宗教について、その成り立ちと教えをまとめています。この本によって、日本の宗教についての、かたよりのないまとまった知識を身につけるとともに、日本人が、世界の宗教をとりいれてつくりだしてきた宗教文化の豊かさとすばらしさを、ぜひ知ってほしいと思います。

I　日本の原始宗教

縄文時代の宗教　現在、わたくしたちが住んでいるこの日本列島に、人間が住み生活するようになったのは、二万年以上も昔の後氷期（こうひょうき）の末期とみられています。こののち、ながい先土器文化の時代がつづいて、紀元前八〇〇〇年頃から、縄文文化の時代がはじまりました。

日本の宗教のはじまりは、先土器文化の時代にさかのぼりますが、石器を使って生活していたこの時代の人びとの宗教生活や宗教観念については、ほとんどわかっていません。縄文文化の時代になると、土器がつくられるようになり、遺跡や出土品も、時とともに多くなって、この時代の人びとの宗教についても、いろいろと推測できるようになります。

縄文時代の生活は、採集、狩猟、漁撈が中心で、紀元前二〇〇〇年頃には、すでに、まとまった集落がつくられていたことが、大きな貝塚や竪穴、平地の住居址から知られます。縄文時代の遺跡からは、土器、石器、骨角器が出土します。そのなかには、土偶、土版、勾玉（まがたま）、石棒をはじめ、石製の用具や骨角器などで、宗教儀礼か呪術に使ったとみられるものがあります。

日本で最古の宗教遺物とされる出土品は、縄文早期の愛媛県の上黒岩（かみくろいわ）遺跡から出土した線刻の女性像です。これは、緑泥片岩（りょくでいへんがん）の小石に彫られた像で、長い髪と乳房が刻まれ、腰みののようなものをつけており、女神像とみられています。土偶は、縄文中期から数がふえてきますが、ほとんどが女性像で、女性の身体の特徴を強調していることから、生殖力にたいする信仰があったことがうかがわれます。土偶には、わざとこわしたらしいものが多く、これは、土偶を人間の身がわりにする呪術が行なわれていたことを示しているようです。土偶の、怪奇な顔かたちや姿は、神秘的な力をあらわしたものと思われます。

墳墓は、集落跡のちかくにつくられたものが多く、土を掘って埋葬した土壙墓（どこうぼ）のほか、甕（かめ）に入れて葬った甕棺墓（かめかんぼ）、石で箱のようにかこった石槨墓（せきかくぼ）などがあります。葬られた人骨には、手足を折りまげた屈葬がひろくみられ、すでに死霊への恐怖など、死についての観念があったようです。副葬品は、死者が生前に身につけていたらしい着装品がほとんどですが、玉類（ぎょくるい）や首にかけた護符（ごふ）のようなものは、宗教、呪術にかんする用具とみられます。

縄文中期になると、大きな石を並べたり組んだりした配石遺構があらわれ、縄文後期から、その数がふえてきます。配石遺構の多くは、集団で祭りをした祭場とみられますが、共同墓地とする説もあります。代表的な配石遺構とされる環状列石は、秋田県の大湯（おおゆ）、長野県の上原（わっぱら）をはじめ、おもに東日本で、数十カ所も発見されています。環状列石は、石を敷き並べたり立てたりした組み石が、二重、三重の環になっている遺構で、大湯の環状列石の外径は約四〇メートルもあります。また、石のかわりに巨木をたちわって立てて並べた遺構もあります。配石遺構には、そのほか、住居址に立石をつくったものや、石を積みあげた墳墓があります。これらの配石遺構とともに、住居址にも、長径二〇メートルをこす大きな空間をもつ竪穴住居址があることから、縄文後期には、集団で、さまざまな霊や死霊をまつる祭場がつくられていたものと思われます。

縄文時代の人びとは、土偶や人骨から推測すると、頭にくしをさし、耳、鼻、口のまわりには、飾りをつけたり、いれずみをし、手足に貝輪(かいわ)をはめ、首、胸、腰には動物の歯や玉類をつけていたようです。これらの品ものには神秘的な力がやどっていると信じられ、悪い霊から身をまもるために身につけたもののようです。また抜歯(ばっし)や、歯に加工して形を変える歯牙変工(しがへんこう)の風習がひろくみられ、祭りでは仮面が使われました。

このように、縄文時代の宗教には、世界の諸民族の原始宗教にひろくみられるアニミズム（精霊崇拝）、マナイズム（人間の力を超えた神秘的な力の信仰）、自然崇拝、死霊崇拝などの原始的な宗教観念が存在し、さまざまな呪術が行なわれていたものと思われます。縄文中期以降には、女性土偶がさかんにつくられるようになり、配石遺構がきずかれ、集団で大がかりな祭りがいとなまれるなど、宗教生活と宗教観念のうえで、かなりの発展があったようです。

イネの農耕儀礼　日本の原始社会は、紀元前三―二世紀頃、縄文文化の時代から弥生文化の時代へ発展しました。縄文後期から晩期には、すでにイモや雑穀の農耕が行なわれ、縄文時代の終り頃には、アジア大陸から伝わったイネの水田耕作もはじまっていました。

イネづくりは、九州北部から日本列島の各地に伝えられ、原始農耕社会の成立とともに、縄文文化とは異質な新しい弥生文化が生まれました。弥生時代の人びとは、はじめは山あいの水流のそばの土地や三角洲、自然堤防などに住みつき、近くの沼沢地などに水田をつくりました。イネづくりの発達とともに、紀元前一〇〇年頃から、大規模な農耕集落があらわれ、川の下流の沖積平野に水田がひろがりました。東日本でも、紀元二世紀には、静岡県の登呂(とろ)遺跡のように、沖積平野に大きな農耕集落がつくられています。

弥生文化は、中国、朝鮮、北アジアなどの大陸の進んだ文化の強い影響を受けて発展しました。イネづくりにつづいて、紀元一〇〇年頃には、大陸から青銅器と鉄器が伝えられ、金属器の使用と製作がはじまりました。

弥生時代には、遺跡や遺物も豊富になり、宗教についても、かなり具体的に推測できるようになります。出土品には、土器、土偶をはじめ、石・玉・ガラス・金属でつくった生活用具と着装品、布類などとともに、青銅製の鏡、銅剣、銅鉾(どうほこ)、銅戈(どうか)、銅鐸(どうたく)のような、宗教儀礼に用いた祭器とみられるものがあります。また、卜占(ぼくせん)（うらない）に使った鹿骨や亀甲(きっこう)も発見されています。銅剣、銅鉾などは、九州北部を中心に分布しており、実用の武器ではなく、宗教上の目的でつくられたものでしょう。銅鐸は、近畿地方を中心に三六〇あまり出土しており、祭器として用いられたようです。銅鐸は、朝鮮でも小型のものが発見されていますが、日本で独自の発達をとげ、大小さまざまで、文様や絵をつけたものも、さかんにつくられました。銅鐸の用途は、はっきりしませんが、祭りのさいの楽器とも、かたい殻でおおわれた空洞の中から神が出現するという原始的な宗教観念をあらわした祭器ともいわれています。

また、神秘的な力をもつと信じられた貝類とその青銅製の模造品や、祭りのさいに神へのささげものに用いられた土器も出土しています。

墳墓は、集落のちかくに共同墓地があって、屈葬か伸展葬（しんてんそう）で土中にそのまま埋める土壙墓が多く、ほかに支石（しせき）墓、甕棺墓、石槨墓、木棺墓、方形周溝墓（ほうけいしゅうこうぼ）などの施設をともなった墳墓もあります。

支石墓は、朝鮮から伝わった型式で、九州北部に多く、墓壙（ぼこう）に支えの石と大きな板石とをのせています。大型の甕棺墓は、九州北部に集中しています。方形周溝墓は、全国的に分布しており、墓の周囲に四角く溝をめぐらしたものです。これらの施設をともなった墳墓には、大陸から渡ってきた青銅鏡や、かずかずの高級な副葬品をおさめたものがあり、権力をもち富を集めていた支配者の墓とみられます。たとえば、福岡県の三雲（みくも）遺跡の甕棺墓からは、大陸製をふくむ四〇枚ちかい青銅鏡と、ガラス玉、勾玉、銅剣、銅鉾、銅戈などがまとまって出ており、その墓の主の富と力がうかがわれます。

これらの副葬品をはじめ、石器、金属器、ガラス器や貝輪などの貝の加工品の製作にあたったのは、大陸の技術を学んだ専門の工人集団で、原料を管理し、広い地域に製品を供給していたようです。

弥生時代の宗教は、イネづくりの農耕儀礼を基本として発達しました。定住して農耕を営んでいた弥生時代の人びとは、年ごとのイネの稔りを確実にするために、集落をあげてイネの祭りをしました。原始的な農作業は、風、雨、ひでりなどの自然災害や病虫害には無力に近かったので、人びとは、災いを防ぎ、神や霊が、じぶんたちを助けてくれるように、集団で祭りをしたのです。人びとは、イネの祭りを、きまった時期に、きまった形で営むことによって、ゆたかな稔りが得られ、集落が親から子、子から孫へと無事につづいていくことができると信じていました。

イネの農耕儀礼は、農作業に先だっての春の祭りと、収穫後の秋の祭りが中心で、この二つの祭りを軸に、一年が成り立っていました。トシとは、もともとイネの稔りの意味でした。人びとは、じぶんたちが住んでいる土地には、はるか昔から、その土地を支配している目に見えない恐ろしい土地神がいると信じており、祭りでは、土地神を招いて、さまざまな飲食物をささげ、災いをもたらさないように、またその力でイネをゆたかに稔らせてくれるように願い祈ったものと思われます。イネの霊（穀霊）の信仰や、中国、朝鮮、北アジアの宗教にひろくみられる天に在る神の観念も、イネの農耕儀礼と結びついて広がっていきました。

邪馬台国の女王卑弥呼　弥生時代には、イネづくりを基盤とする生産力の発展とともに、各地に小さい国が生まれ、やがて小国家が連合して、かなりひろい地域を支配する連合国家ができました。弥生中期の紀元一世紀には、すでに九州北部に一〇〇余の小国家がありました。紀元五七年、九州北部にあった倭奴国の王が、後漢の第一代皇帝光武帝に使者を送り、金印を授けられたことが、古代中国の歴史書『後漢書』に記されています。つづいて一〇七年にも、倭国王が後漢に使者を派遣していました。

二世紀中頃から、倭国では内乱が起こり、これを鎮めるために耶馬台国の女王卑弥呼をいただく三〇余の小国家の連合がつくられました。二三九年、卑弥呼は魏の明帝に使者を送って貢ぎ物をささげ、「親魏倭王」の称号を授けられました。卑弥呼は、「鬼道」につかえて、よく衆を惑わしたと伝えられ、いつも宮殿の奥ふかくに住み、夫はなく、弟が補佐して国を統治していました。卑弥呼が死ぬと、径一〇〇余歩の大きな墓がつくられ、一〇〇余人の奴婢が生きたままこの墓に殉葬されたということです。

古代中国の歴史書『魏志倭人伝』に記されたこれらの記事から、弥生後期の三世紀の日本には、すでに有力な国家があって、中国と交通していたことが知られます。「鬼道」とは、シャマニズムのことらしく、卑弥呼は、神がかりして天に在る神と交流し、神のことばを伝えるシャマンで、そばに仕える男性に補佐されて、政治、軍事を統率していた巫王（シャマン王）であったようです。

卑弥呼のあとをついだ女王壱与は、二六六年、晋に使者を送っていますが、その後約一五〇年間は、日本と中国との交通のはっきりした記録はなく、耶馬台国のその後も、よくわかりません。

紀元前三世紀頃から五〇〇年あまりつづいた弥生時代に、日本社会は、イネづくりの普及によって、原始農耕社会から国家の形成へと大きく発展しました。弥生文化と、それに先だつ縄文文化とのつながりは、明らかではありませんが、弥生時代に成立した原始農耕社会の文化は、とおくこんにちまでつづく日本文化の原型となりました。宗教についても、弥生時代に成立したイネの農耕儀礼を中心とする原始宗教な、日本宗教の基本型として、こののちながく日本宗教の展開を性格づけました。

古　墳　三世紀末頃から、近畿地方をはじめ全国各地で古墳が築かれるようになり、七世紀頃まで大小の古墳がさかんにつくられました。古墳とは、土をもりあげ石で葺(ふ)いた墳墓のことです。このように死者を高塚(たかつか)に厚く葬る風習は、大陸の墓制の影響をうけたものですが、日本では、円墳をはじめ、日本独特の前方後円墳など、さまざまな型式の古墳がつくられました。この時代を古墳時代とよびます。

古墳時代には、イネを主力とする農業生産が大きく発展し、古墳前・中期の四―五世紀には、全国各地に豪族があらわれて、国をつくりました。古墳後期の六―七世紀には、各地の国ぐにをしたがえて、大和(やまと)朝廷が古代統一国家をつくりました。全国各地にある大規模な古墳は、これらの大小の国家の支配者のためにつくられたものです。

四世紀後半から五世紀はじめにかけて、日本は兵を出して、朝鮮にあった百済(くだら)、新羅(しらぎ)、高句麗(こうくり)の諸国としばしば戦いました。四一三年、倭国は晋に貢ぎ物をささげ、こののち倭の王たちは、ひんぱんに中国に使者を送り、「安東大将軍」などの称号をあたえられています。このように四―五世紀には、朝鮮、中国との交渉がさかんとなり、大陸から渡来して日本に住みつく人びとも多くなりました。五—六世紀には、道教、儒教、仏教などの宗教、古代中国の思想や学問、技術が日本に伝えられ、文字（漢字）の使用もはじまりました。大陸の進んだ文化の伝来は、イネの農耕儀礼を中心とする日本の原始宗教に新しい要素をくわえ、その発展をうながしました。

古墳時代の宗教は、古墳とその副葬品、四世紀末から六世紀にかけて多くみられる各地の祭祀遺跡などから、かなりくわしく推測することができます。現存している日本最古の文献は、八世紀はじめに古代国家によって編纂された歴史書の『古事記』と『日本書紀』ですが、ほぼ同じ時期の『風土記』『古語拾遺』『万葉集』とともに、古墳時代の宗教をうかがわせる宗教観念、神話、伝承、習俗などの記事がふくまれています。これらの文献から、遺物、遺跡からはとらえにくい宗教生活の状況や宗教観念についても、いくらか知ることができます。

古墳には、竪穴式と横穴式とがあり、石室をつくって、中に棺をおさめているのがふつうです。棺は、木製、石製、陶製などで、副葬品は、時期によって変化がみられますが、多種多様な服飾品、装身具、農工具、武器武具類とともに、祭器、祭具、呪具（じゅぐ）などが出土しています。とくに前期古墳の副葬品には、宗教、呪術にかんするものが多く、中・後期では実用品がふえています。前期の副葬品には、中国から輸入された大形の青銅鏡と、これをまねて日本で作った倣製鏡（ほうせいきょう）があり、そのなかには、中国の神や神秘的な動物を浮き彫りにした方格規矩（きく）四神鏡、三角縁神獣鏡などがふくまれています。

また、前期に多い硬玉製の勾玉、碧玉岩製の管玉、中期以後に多い滑石製品などは、たんに身を飾るだけの装身具ではなく、邪悪なものから身を守る力が宿っていると信じられていたようです。支配者を葬ったとみられる大きな古墳には、鏡、玉とともに青銅製、鉄製、金銅製などの大形の剣が副葬されていることが多く、これらの品は、宝器として特別の宗教、呪術上の意味があったものと思われます。

九州北部をはじめ全国各地には、文様や絵をえがいた装飾古墳がありますが、これらは、死者の霊を慰め鎮めるなどの宗教上の目的からえがかれたものでしょう。また古墳の周囲からは、埴輪が出土しています。埴輪は、古墳をとりまいて立て並べられたもので、円筒埴輪と、人物、馬などの動物、家や道具などをかたどった形象埴輪があります。人物の埴輪には、武人、農民、子を背負った女性、踊る人などがあり、群馬県古海から出土した腰かけて正装した女性像は、神に仕えるミコであろうといわれています。

祭祀遺跡　古墳とともに、この時代の宗教を知る手がかりとなるのは、全国で八〇〇余カ所にのぼる祭祀遺跡です。祭祀遺跡は、四世紀末から六世紀にかけてのものが多く、当時の人びとが、山岳、岩石、水などに神が宿っているとして祀ったあとで、祭器や神にささげた品が出土しています。これらの遺跡は、山麓、山頂、峠、台地の突端、川のほとり、水源の池や泉、湖沼、海浜、岬、島をはじめ、集落、古墳など、生活の場に広くわたっています。

奈良県の三輪山と石上には、集落のちかくの笠形の丘陵を神として拝み祀った遺跡があります。三輪山は、のち大神神社の神体山となり、こんにちにおよんでいます。また、富士山、二荒山のような、高く孤立した円錐形の山も、神として拝まれ、祭りが行なわれました。岩石の遺跡は、めだつ形をした大小の岩石や立石を、神そのものとして、あるいは神を招く磐座、磐境として祀った跡です。なお、遺跡としては残っていませんが、全国各地に伝わる神木などの伝承から、特定の樹木に神を招いて祭りをしたことも知られます。

主要な交通路では、長野県の神坂峠など各地の峠で、境界を守る峠神が祀られました。毎日の生活と農耕になによりも大切な水も、神として水辺で祀られ、水中にささげ物をしました。海辺や島では、海の神、島の神が祀られました。

海の神の祭祀遺跡としては、福岡県の沖ノ島がひろく知られています。沖ノ島は、玄界灘に浮かぶ離島で、朝鮮との海上交通の要地を占めています。この祭祀遺跡は、四世紀後半から七―八世紀におよんでおり、鏡、壺、石器の宝器、ガラス器、金銅製の工芸品、馬具など、高級品が豊富に出土したため、「海の正倉院」とよばれています。大陸文化を受け入れる門戸であった沖ノ島では、数世紀にわたって、国家の手による大がかりな祭祀が行なわれていたのでしょう。この島は、絶海の孤島であるうえ、のちには宗像神社の沖津宮が鎮座する神の島として、みだりに人を寄せつけなかったので、古墳時代にさかのぼる祭祀遺跡が、ほとんどそこなわれることなく、こんにちに残されたのです。

古墳時代の宗教は、弥生時代の宗教を受けついで、イネの農耕儀礼を中心に、太陽、月、大地、山岳、岩石、水などの自然物、風、雨、雷などの自然現象、さまざまな動植物などを神として崇拝しました。また祖先の霊、死者の霊も崇拝されました。古墳後期の六—七世紀には、九州から大和（やまと）へ進出した大和朝廷が、国土の主要地域を支配するようになりました。大和朝廷は、天に在る神々を崇拝し、その王は天の神の子孫であり、天の神の命令でこの国を統治するとしていました。このような宗教観念は、北アジアから中国、朝鮮に広がるシャマニズムにつらなっており、大和朝廷の宗教は、こののちの日本宗教の展開に決定的な影響をおよぼしました。

原始神道　古墳時代の宗教は、大陸のすすんだ宗教の影響をうけて複雑に発達し、大和朝廷の全国統一の進展とともに新しい展開をとげました。この段階の宗教は、原始神道とよばれ、やがて古代国家によってととのえられる古代神道の原型となりました。

原始神道は、集団による祭りの宗教です。祭りの基本は、イネの稔りを得るために行なわれる、春の予祝祭トシゴイ（のち祈年祭）と秋の収穫祭ニイナメ（のち新嘗祭（にいなめさい））でした。そのほか、祖霊、死霊の祭りや、自然、動植物などの神、霊の祭りも行なわれました。

祭りは、一定の神聖な場所や臨時の場所を祭場として、そこに神を迎えて、夜間に行なわれました。祭場には、サカキなどの樹木を立てて神を迎えました。神を招き降ろす樹木をヒモロギ（神籬）といいます。また特定の岩石に神の降臨を迎えることもありました。神が降（くだ）ると、土器に盛った飲食物の神饌(しんせん)をそなえ、玉や石製、金属製の器物、衣類などを幣帛(へいはく)としてささげました。つぎに、集団の宗教上の指導者である祭司(さいし)が神に祝詞(のりと)をささげ、祭る側の人びとの意志や願望を神に伝え、イネのゆたかな稔りと集団の繁栄のために、神の力を発揮してもらうとともに、神の力が害悪をおよぼさないように抑えこもうとしました。祭りの最後には、神饌を全員で飲食するナオライ（直会）が行なわれました。祭りがおわると、祭器、祭具はくだかれたり、土の中に埋められました。神は、祭りの間だけ祭場に降臨し、おわると本来の住処(すみか)に去っていくと信じられていましたから、祭場を岩でかこんだり、シメ（注連）などをはって聖別するだけで、神のために特別な建物をつくることはありませんでした。

原始神道では、さまざまな神、霊が信じられていましたが、中心となる神は、土地を支配している土地神でした。神は、目に見えない恐ろしい存在とされ、祭りは、こういう抑えにくい神の気持ちを鎮めやわらげ、じぶんたちの方に向かせるために行なわれました。土地神は、イネを稔らせてくれる農業神でもあり、さらに、集団を存続させ繁栄させる力をもつ神であることから、やがて集団の祖先神とされるようになりました。また、山岳の神ヤマツミ、海の神ワタツミ、水源の神ミクマリノカミをはじめ、多種多様な自然物、自然現象、動植物が神とされました。神の観念がさらに発展すると、神や霊の働き、さまざまな力や観念も神格化されました。とくに、物を生み育てる力は、ムスビの神として重んじられました。腕力はタチカラオ、知恵はオモイカネとして神格化され、よいこと、悪いことは、ナオヒ、マガツヒの神とされました。子を産む力は、イザナギ、イザナミという男女の配偶神とされました。神には、ふつうのときのニギミタマと、非常のさいのアラミタマがあるとされ、この二つはひとつの神の現われであるとともに、別々に祀ることもできるとされていました。

原始神道では、人間が神につかえたり神意を問う場合には、罪けがれを除いて清浄になる必要があるとされました。罪けがれは、外から身に付着するものと信じられ、これを払い落とすことをハライ(祓)といい、とくに水に入って洗い流すことをミソギ(禊)といいました。完全に清浄になるためには、一定の期間、禁忌(タブー)を守る生活をしました。これをイミ(忌)といいます。

原始神道の宗教観念には、まとまった体系はなく、さまざまな観念が併存し複合していました。この世とは別の世界である他界については、二種類の考え方がありました。一つは、天には神々の世界の高天原があり、地上はこの世のナカツクニで、地下には死者が住むヨミノクニ(ヨモツクニ)があるとする他界観で、大和朝廷の進出によって支配的になった観念とみられます。もう一つは、この世のほかに、トコヨ(常世)があるとする他界観で、トコヨは、はじめは地下に、のちには海の彼方にあると信じられました。海の彼方に死者や神が住む国があるという観念は、南太平洋諸島など南方の各地にみられる他界観と共通しています。死後の世界については、まとまった観念はなく、古墳の石室の内部の様子から想像して、暗く恐ろしいけがれた世界と考えていたようです。

原始神道は、仏教、道教、儒教などの外来の発達した宗教が根をおろしはじめると、その影響で、さらに発展をとげました。神の観念では、自然神、祖先神、観念神などが多彩に分化し、支配者や英雄を神格化した人格神もあらわれて、神話が発達しました。大がかりな祭りでは、祭場に仮り屋が建てられ、中に依代を置くようになり、やがて有力な神のために常設の社殿がつくられるようになりました。社殿には、鏡や岩石などが神体としておかれ、神がいつもいるものと信じられるようになりました。神社建築の最古の型式とされるのは、伊勢神宮の天地根元造り（神明造り）と、出雲大社の大社造りですが、天地根元造りは平入り切妻造りで、高床式の倉庫に、大社造りは妻入り切妻造りで、豪族の住居に由来するとされています。

常設の社殿がつくられるようになって、神社の基本型が成立しました。しかし、こんにちでも、奈良県の大神神社などのように、社殿をつくらない神社があって、原始神道のおもかげを伝えています。神社を意味する古いことばには、ヤシロ（社）、ミヤ（宮）、ホコラ（祠）などがありますが、ヤシロは屋代で、建物の敷地（神域）をさし、ミヤは御屋で建物の美称、ホコラは秀倉で神宝をおさめた倉庫の美称であろうといわれています。

Ⅱ　古代の宗教

1　古代国家と神道・仏教

古代神道　五世紀末から六世紀にかけて、大和(やまと)朝廷はしだいに支配地域を拡大し、北海道と東北地方をのぞく日本列島のほとんどを統一して古代国家をつくりました。古代統一国家は、六四五年の大化の改新で支配体制を整え、七世紀末には中国にならった律令制国家に発展しました。

古代国家の支配者は、各地の支配者（キミ・王）の上にある王ということから、オオキミ（大王）とよばれました。オオキミは、天に在(あ)る高天原(たかまがはら)を主宰する女神アマテラスオオミカミ（天照大神）の子孫とされ、その神勅を受けて、天孫ニニギノミコトがナカツクニに降(くだ)り、その子孫が代々ナカツクニを統治するとしていました。オオキミは、七世紀はじめ頃から「天皇」と称するようになりました。「天皇」はスメラミコトとよみましたが、もともと中国では、王の称号としてはほとんど使われないことばで、神話上の帝王や道教系の神の名でした。スメラミコトとは、最高の主権者の尊称です。神、天皇などの尊称のミコトは、ミコトモチで、神のことばを発し、神のことばを行なう尊い方の意味とされます。

古代国家のもとで、原始神道は、天つ神と国つ神（天神地祇）を祀る古代神道に発展しました。天つ神は、大和朝廷の神々で、土着の神々である国つ神よりも上位の神とされました。神の子孫とされる天皇は、政治、軍事の支配者であるとともに、国の祭りを行なう最高の祭司でした。祭りを行なうことは、政治を行なうことと一体とされ、ともにマツリゴトとよばれました。祭りのなかでも、イネの稔りをもたらす収穫祭のニイナメは最も重要な祭りでしたから、天皇は、毎年、日本全土のイネの稔りのためにニイナメを行ないました。天皇が行なうニイナメは、やがて皇祖神アマテラスオオミカミにイネの稔りを感謝し、新穀を神とともに食べて天皇が皇祖神と一体になる祭りとなり、新嘗祭とよばれました。七世紀末の天武天皇の時代から、新しい天皇が即位すると、一代一度の大がかりな新嘗祭を行なうようになり、大嘗祭とよばれました。

このように天皇は、最高の祭司として国の祭りを行なう王という性格を基本としていますが、こういう王を祭司王といいます。オオキミが、宗教と結びついた「天皇」という称号をとくに用いたのも、宗教的性格の強い祭司王であったからでしょう。

皇祖神アマテラスオオミカミは、伊勢神宮の内宮に祀られています。伊勢神宮は、五世紀後半頃、天皇の宮殿に祀られていたアマテラスオオミカミを移して、伊勢の地に土地の神とともにあわせて祀ったのが始まりとされます。伊勢は、大和朝廷の東国進出の重要な拠点でしたから、この地をえらんで、この土地の氏神の神で農業神のトヨウケノオオカミと並べて祀ったのです。トヨウケノオオカミは内宮にたいして外宮の祭神とされ、アマテラスオオミカミのために神饌をととのえる神とされましたが、内宮の祭神と同格の神として優遇されました。伊勢神宮の社殿には、中央に心の御柱という掘立柱があって、その上に神体の鏡が安置してあります。内宮の神体は八咫の鏡で、天孫が降臨するさい、アマテラスオオミカミが授けた鏡とされます。この社殿は二〇年目、のちには二一年目に建てかえられるしきたりで、これを遷宮といいます。

伊勢神宮よりもさらに古い起源をもつ出雲大社は、オオクニヌシノミコト（大国主命）を祀っています。出雲大社は、もともと出雲族の神を祀る宮でした。出雲族は、山陰地方を本拠に本州の各地に進出していた有力な氏族でしたが、大和朝廷に、その全国統一に先だって服属しました。出雲族の英雄神であったオオクニヌシノミコトは、古代国家の神話では、アマテラスオオミカミによって高天原を追放されてナカツクニに降ったその弟神スサノオノミコトの子孫とされ、皇祖神に国土を返還した神とされました。出雲の地は、西に海を隔てた朝鮮との交流がさかんな日本海岸の要地で、古代の出雲大社は、海辺に西を向いて約四八メートルもの高さの社殿がそびえていたと伝えられます。

記紀神話　古代の日本社会には、大和朝廷が受け伝えてきた高天原系の神話とともに、出雲系、日向系の神話など、さまざまな系統の神話が伝えられていました。有力な氏族も、それぞれ祖先神についての神話を伝えていました。

八世紀はじめに、古代国家は、高天原系の神話を軸に、これらの土着の神話を織りこんで、ひとつづきの神話に整えて、公けの神話としました。この神話は、大和朝廷の全国支配を、神々の時代にさかのぼって根拠づけたもので、中国、朝鮮の神話の影響も受けながら、七世紀頃からしだいに整えられました。この神話は『古事記』（七一二年）と『日本書紀』（七二〇年）によって、こんにちに伝えられたので、記紀神話とよばれます。記紀神話の大筋は、天地の始まり、国生み、高天原、出雲、天孫降臨、日向の順で展開します。天地のはじめに、アメノミナカヌシノカミが出現し、つづいてタカミムスビ、カミムスビの二神が現われます。これを造化（ぞうか）三神といいます。神代が七代つづいて、イザナギ、イザナミの男女二神が現われ、結婚して、淡路島（あわじしま）をはじめ日本国土の八つの島々と多くの神々を生みます。イザナミは火の神を生んで死に、悲しんだイザナギは、死者の行くヨミノクニを訪れますが、追われて命からがら帰還します。イザナギは、日向で禊祓（みそぎはらい）をし、日の神アマテラスオオミカミ、月の神ツキヨミノミコトと弟神のスサノオノミコトを生みます。

アマテラスオオミカミは、神々の世界である高天原を主宰します。スサノオノミコトは、父神の命令にそむいて海原（うなばら）の国を治めず、乱暴をはたらいたため、アマテラスオオミカミは怒って天（あま）の岩戸（いわと）に隠れ、天地は暗やみとなりますが、神々が力をあわせて岩戸を開き、アマテラスオオミカミがふたたび出現します。

スサノオノミコトは、高天原を追放されて出雲に下り、ヤマタノオロチを退治して、その尾から草（くさ）

薙の剣（別名は天叢雲の剣）を得て、アマテラスオオミカミにささげます。スサノオノミコトの子孫オオクニヌシノミコト（オオナムチノミコト）は、ナカツクニを平定して支配者となりますが、高天原から使者が来て国土の献上を命じたので、国をゆずって引退します。アマテラスオオミカミは、孫のニニギノミコトをナカツクニに降らせ、国を治めるように命じます。ニニギノミコトは、日向の高千穂の峰に降り、その子孫が三代にわたって日向に住みます。

記紀神話は、このように、高天原、出雲、日向を舞台に展開していますが、『古事記』と『日本書紀』では、部分的にちがいがあり、また『日本書紀』では、本文につづいて、「一書に曰く」として、別の伝承も記しています。しかし、天に在る神がこの国を生み、アマテラスオオミカミの子孫が高天原から降ってこの国を支配するという大筋は一貫しており、大和朝廷を支える有力な諸氏族の神々も、それぞれ役割をあたえられています。

日向の高千穂宮にいたニニギノミコトの子孫カンヤマトイワレヒコノミコトは、日向から大軍をひきいて東征し、大和を平定して第一代の天皇となったとされます。これが神武天皇で、『日本書紀』には、大和の橿原の地で「辛酉年春正月庚辰朔」に即位したと記されています。この年は、紀元前六六〇年にあたりますが、これは古代中国で広く信じられていた讖緯説で、辛酉の年は天の命令が革まる革命の年とされていたことから、辛酉の年の一月一日に第一代の天皇が即位したことにしたのです。

紀元前七世紀なかばの日本は、縄文晩期で、もちろん国家はまだ生まれていません。つまり神武天皇は、歴史上の実在した人物ではなく、神々の時代と天皇をつなぐ神話、伝説上の存在なのです。しかし、神武天皇の東征の物語には、四—五世紀の大和朝廷による国土統一のたたかいが反映していることは明らかで、四七八年、倭王の武が宋にささげた上表文にも、武の祖先の倭王珍（弥ともされる）が、軍勢をひきいて多くの国ぐにを平定したことが記されています。

また、『古事記』『日本書紀』に語られている第一二代景行天皇の皇子ヤマトタケルも、実在した特定の人物ではなく、国土統一のたたかいで活躍した人びとの伝承を、ひとりの英雄の物語にまとめたものとみられます。ヤマトタケルとは、日本の勇者という意味で、天皇の命令を受けて九州の熊襲を討ち、出雲を平定し、さらに東国におもむきますが、その帰りみちで病死する悲劇の英雄です。ヤマトタケルは、東征にあたって、伊勢神宮におさめられていた草薙の剣を授けられ、この剣で危難を逃れることができました。その死後、草薙の剣は、尾張の熱田の地に祀られ、これが熱田神宮の始まりとされています。

仏教の伝来　紀元前五世紀頃、インドで成立した仏教は、中央アジアを経て、紀元前一世紀頃、中国に伝えられました。仏教は中国に広がり、さらに、四世紀後半には高句麗と百済に、六世紀はじめには新羅に伝えられました。

日本では、すでに五世紀頃から、大陸からの渡来人の間で仏教が信仰されていたとみられ、古墳から仏、菩薩の像のある四仏四獣鏡などが出土しています。六世紀には、古代国家の確立とともに、仏教の受容が本格的に始まりました。

六世紀なかばに、百済の聖明王は、日本の欽明天皇に、上表文をそえて、金銅製の釈迦像、幡と天蓋、経論数巻をささげました。これが日本への仏教の公式の伝来とされ、五三八年（五五二年ともいう）のことと伝えられています。こののち、仏教を受け容れるか排斥するかをめぐって、有力な氏族の間で、はげしい争いがつづきました。蘇我氏は、渡来民の氏族と結んで、大陸文化の摂取に積極的でしたから、外国と同じように仏を拝むべきだと主張しました。これにたいして、保守派の物部氏と中臣氏は、外国の神である仏を拝することは神祇の怒りをまねくといって、反対しました。物部氏は軍事、刑罰をつかさどる有力な氏族であり、中臣氏は朝廷の神事、祭祀をつとめる氏族でした。そこで天皇は、仏像を蘇我稲目に授け、稲目は自邸を仏殿とし、仏像を安置して礼拝しましたが、ほどなく疫病が流行したので、仏殿を焼き、仏像を難波の堀江に流したと伝えられます。

崇仏と排仏の争いは、五八七年、蘇我氏が物部氏を滅ぼし、崇仏派の勝利に帰しました。蘇我稲目の子馬子は、物部氏の討伐にあたり、仏の加護を願って寺院の建立を発願し、五九六年、飛鳥に法興寺（飛鳥寺）が完成しました。法興寺は、百済の建築技術をとりいれた日本最初の本格的な寺院で、金堂と塔をそなえた大伽藍でした。六世紀後半には、百済から僧が来日するようになり、五八七年、渡来人で仏教を信仰していた司馬達等の娘が出家して、善信尼と称しました。善信尼は、日本最初の出家者で、翌年、百済へおもむいて仏教の戒法を学び、帰国したのち、何人もの男女を出家させました。

飛鳥仏教と聖徳太子　六世紀末には、蘇我氏は古代国家の実権をにぎり、五九三年、推古天皇の皇太子聖徳太子（五七四―六二二）を立てて摂政としました。聖徳太子は、仏教に帰依した最初の天皇と伝えられる用明天皇の子で、仏教を深く信仰していました。聖徳太子と蘇我馬子の政権は、約三〇年つづきましたが、この間に、日本は古代国家の体制を整え、中国（隋）との交流をさかんにして、大陸の進んだ文化を積極的にとりいれました。聖徳太子がさだめた冠位一二階と一七条の憲法には、儒教、易、仏教のつよい影響がみられます。

聖徳太子は、政権についた翌年、仏教興隆の詔を発しました。諸氏族は、それぞれ氏寺を建て、仏像をつくって礼拝しました。太子はみずから、難波の四天王寺、大和の法隆寺など七つの大寺院を建立したと伝えられます。これらの寺院の造営には、諸国の隷属民が使役され、完成すると、かずかずの財物と奴婢が寄進されました。四天王寺も法隆寺も、中門、塔、金堂、講堂をそなえた大伽藍で、内陣には、こまかい細工の美しい装飾に囲まれて、異国風の仏像が安置され、神秘的な雰囲気をつくりだしていました。

聖徳太子の時代に、日本の仏教は、有力氏族の氏寺を中心とする仏教から古代国家を護り支える国家の仏教へと展開しました。一七条の憲法は、その第二条で、「篤く三宝（仏・法・僧）を敬え」とさだめていました。国家の施設として寺院がつくられ、僧尼は公けの身分とされて僧階をあたえられました。仏教は思想、学問、技術、工芸などを含んだ高度に発達した文化体系でしたから、渡来した僧や中国、朝鮮におもむいた留学僧たちは、大陸の先進文化を、つぎつぎに日本へもたらす役割を果たしました。仏には、国を守り、戦いを勝利に導く神秘的な力があると信じられ、古代国家は、仏教をさかんにするために莫大な富と力を注ぎ込んで、政権の基礎を強めようとしたのです。

聖徳太子の時代の仏教思想は、インドで興り、隋でさかんになった三論宗の教学が主流でした。太子は、みずから仏教の研究を進め、経典の注釈をし、法華経を講義したと伝えられます。その死後まもなく、仏教でいう理想の国の天寿国で太子が永遠に生きつづけているという信仰からつくられた中宮寺の天寿国繡帳には、「世間虚仮、唯仏是真」という太子のことばが残されています。これは、「現実の世界は仮りのものであり、仏だけが真の存在である」という意味で、三論宗の「空即有」（現実は仮りのものであると同時に実在している）の思想に基づくものといわれます。

『日本書紀』によると、太子の死後二年の六二四年には、寺院は四六カ寺、僧は八一六人、尼は五六九人に達しました。飛鳥仏教とよばれる日本最初の仏教文化を花ひらかせた聖徳太子は、やがて「和国教主」とたたえられるようになり、釈迦や観音の生まれかわりとされ、神格化されて太子信仰がひろがりました。

六四五年、蘇我氏は滅び、大化の改新が始まって、古代国家の力はさらに強くなりました。この年、重ねて仏教興隆の詔が出されました。七世紀後半には、写経がさかんになり、家ごとに仏像を礼拝するようにとの命令が出ました。六一八年、中国では隋が滅んで、唐が全土を統一しました。唐でも、仏教はますます栄え、遣唐使や留学僧によって、新しい仏教文化が日本につぎつぎに伝えられました。隋で栄えた三論宗、成実宗（じょうじつしゅう）に加えて、唐になって広がった法相宗（ほっそうしゅう）、倶舎宗（くしゃしゅう）などの教学も、あいついで日本にもたらされました。

古代国家は、六七二年の壬申（じんしん）の乱で勝利をおさめた天武天皇のもとで、律令制国家へと発展しました。飛鳥時代に成立した国家仏教は、古来の神祇の信仰とときに衝突しながら、しだいに結びつきとけあって、八世紀の奈良時代には、古代仏教国家が形づくられました。

奈良仏教　七一〇（和銅三）年、都が平城京に遷され、こののち七〇余年にわたって、中国の都城にならった人口約二〇万人の奈良の都を中心に、律令制国家が栄えました。奈良時代には、法相、三論、倶舎、成実の各宗に加えて、あらたに中国僧の道璿（どうせん）と新羅僧の審詳（しんしょう）によって華厳宗（けごんしゅう）が伝えられ、もっとも有力な流れとなりました。さらに七五四年には、中国から鑑真（がんじん）（六八九—七六三）が来て、律宗（りつしゅう）を伝えました。鑑真は、唐の高名な学僧で、請われて日本に戒律を伝えるために、国禁をおかして何回も渡航を試み、ついに六回目に来日をはたしましたが、この間の苦難ですでに盲目となっていました。

奈良時代の仏教は、華厳、律、法相、三論、倶舎、成実の六宗が並び栄えたので、南都六宗とよばれます。この六宗は、のちの時代の宗派とはちがい、それぞれが独自の仏教教学の学派で、ひとりの僧が、いくつもの宗の教えを兼学するのがふつうでした。

平城京には、飛鳥地方から元興寺、大安寺（もと大官大寺）、薬師寺などの大寺院が移されました。平城京をはじめ各地の寺院のおおくは、国家を護るために建てられた官寺（国家施設の寺院）と有力な氏族の氏寺でした。大寺院には寺田と私有民があたえられ、僧尼は国家がさだめた公けの身分で、その行動は、律令の僧尼令で、こまかく規定されていました。公けの手続きを経ないで私的に出家得度した私度の僧や、国の許可なしに寺院をつくって民衆に仏教を布教することは、きびしく禁止されました。

国家仏教が進出するにつれ、昔からの土着の信仰を受けつぐ民間の宗教者への圧迫が強まりました。七世紀末から八世紀にかけて、大和葛城山の山岳修行者として活動した役の小角も、六九九年、伊豆の大島へ流されたと伝えられます。役の小角の生涯は、ほとんど伝説化していますが、葛城山の岩穴に住んで鬼神を使役し、博学で仏教の修法に通じ、すぐれた呪力をもち、自由に空を飛行したといわれます。流罪になったのは、弟子にした渡来人の呪術者から人をまどわす者として訴えられたためとも、鬼神を使って葛城山と金峰山の間に橋をかけたのを、葛城山の神が怒り、天皇に反逆を企てていると訴えたためとも伝えられます。役の小角は、のちに修験道の開祖と仰がれ、神変大菩薩と称されましたが、その伝説的な生涯は、奈良時代はじめの山岳修行者が、しだいに仏教や道教と結びついて、民間の宗教者として活動するようになった状況を物語っているようです。

七四二（天平一四）年、聖武天皇（七〇一―五六）は、国ごとに国分寺と国分尼寺をつくる詔を出し、古代仏教国家は最盛期を迎えました。聖武天皇は、妃の光明皇后（七〇一―六〇）とともに、仏教を深く信仰していました。聖武天皇の時代には、政権の中枢にめざましく進出してきた藤原氏と、これに対抗する有力な諸氏族との間で争いが激化し、反乱も起こって政治が動揺したため、平城京をはなれて、五年間、恭仁、近江紫香楽、難波と都を移したほどでした。そのうえ疫病が流行し、外交の面でも、新羅との関係が険悪になりました。聖武天皇は、国を安泰にし、民心を安定させるために、国力をあげて仏教をさかんにしようと考えたのでしょう。

国分寺の制度は、唐にならったもので、七世紀末に、天武天皇が、諸国の国府に仏舎をつくり、国師とよばれる僧をおいたのが始まりとされます。

国分二寺の建立は、国費と有力者の寄進によって進められ、宝亀年間（七七〇―八一）には、ほとんどの国で国分二寺ができあがりました。建立の工事のおもな労働力は、諸国の農民に課せられた年間六〇日の国役（労役の一種）でした。

国分寺は金光明四天王護国寺、国分尼寺は法華滅罪寺というのが正式の名称でした。金光明四天王護国寺という寺号は、国家を鎮護する力をもつとされる金光明最勝王経を講読する王は、持国天、広目天、増長天、多聞天の四天王に護られ、国土はゆたかに稔り、災厄も疫病もなくなると信じられていたことからきています。法華滅罪寺の寺号は、法華経の功徳によって罪障をなくすことができるとされていたことによるものです。

国分寺は、南大門、金堂、塔、講堂、鐘楼、経楼、食堂、僧の住居などをそなえた大がかりな施設で、金堂には丈六（周尺の一丈六尺で、人間の身長のほぼ二倍）の金銅製の釈迦三尊像が安置され、そのまわりに四天王の像がおかれました。塔は五重塔がほとんどでしたが、山城国、武蔵国などでは七重塔がつくられました。国分尼寺は、国分寺の近くに建てられ、国分寺よりも小規模でした。国分寺には別当以下二〇人の僧、国分尼寺には鎮（ちん）以下一〇人の尼が住みました。

大仏開眼　平城京では、聖武天皇の発願によって、七四五（天平一七）年から、総国分寺として東大寺の建立が始まりました。東大寺の本尊には、巨大な毘盧遮那仏（びるしゃなぶつ）をつくることになりました。この仏は、華厳宗の本尊で、万物を照らす宇宙的存在である太陽をあらわし、その知恵は広大無辺で、あまねく全世界を照らすとされます。このように全世界に光を及ぼす仏であることから、毘盧遮那仏を、できるだけ巨大な姿につくることで、そのはかり知れない力を、国家の鎮護に発揮してくれるように期待したのでしょう。

大仏の建立は、国の総力を動員する大事業でした。この事業の推進力は、新興の藤原氏で、聖武天皇は、大仏建立の詔を発して、広く民衆に建立への参加協力をよびかけました。大仏は、八つの部分にわけて鋳造され、金でメッキが施されました。鋳造には、三年間を費やし、大量の銅、錫（すず）、金、水銀、炭が使われました。大仏は、華厳世界の蓮の花弁の上に坐った姿につくられ、高さは一六メートル余もありましたが、こんにち残っているのは、台座の蓮弁と左太ももの衣のひだの部分だけです。現在の大仏は、頭部は江戸時代、胴体は鎌倉時代につくられたもので、高さも一四・八五メートルと低くなっています。大仏は、高さ約五二メートルに及ぶ世界最大の木造建築の大仏殿（金堂）に安置されました。大仏の鋳造と大仏殿の建築は、当時の技術水準をはるかに越える難事業で、このために投入された労働力は、のべ約二二〇万人に及んだと伝えられます。

七五二（天平勝宝四）年、大仏開眼供養会が盛大に行なわれ、仏教伝来以来、もっとも大がかりでさかんな儀式といわれました。すでに上皇となっていた聖武天皇と光明皇后、女帝の孝謙天皇以下、文武百官が参列し、全国から多数の僧が招かれて読経をしました。はるばる来日したインド僧の菩提僊那が大仏の開眼をし、歌舞が華やかに演じられました。みずから「三宝の奴」と称した聖武上皇は、大仏開眼を機に出家し、法名を勝満としました。また光明皇后は、悲田院、施薬院などの福祉施設をつくり、病人をいたわって仏の慈悲を身をもってあらわした理想の女性として、伝説化されました。

東大寺には、七五五（天平勝宝七）年、戒壇院が設けられ、鑑真が出家者に戒を授けました。鑑真は、その四年後、平城京に唐招提寺を創建し、律宗をさかんにしました。戒壇院は、つづいて七六一年、九州の筑紫観世音寺と東国の下野薬師寺にも設けられ、三大戒壇とよばれました。戒壇は、国家の施設で、僧尼となるための戒を授ける場所のことです。国家仏教の繁栄とともに、僧尼の生活にも乱れが目立つようになり、政治に乗り出して藤原広嗣の乱のもととなった玄昉や、太政大臣法皇にのぼって権力をふるった道鏡のような僧も現われました。戒壇を設け、戒律を重んじたのは、仏教国家の体制を強め安定させる必要があったからです。

奈良時代の仏教文化は、大仏開眼を頂点として華やかに開花しました。「青丹よし」とうたわれた平城京には、唐、新羅、渤海との交流をつうじて、とおく中央アジア、西アジア、東南アジア、インドなど世界各地の文化がもたらされました。中国で広まった景教（ネストリウス派キリスト教）の僧も来日しました。大仏開眼供養会では、外国の歌舞が披露されましたが、この時代に成立した仏教系音楽の雅楽には、朝鮮、中国をはじめアジア各国の音楽と舞踊が伝えられており、こんにち演奏の可能な世界最古の音楽とされています。奈良の正倉院には、聖武天皇の遺品をはじめ、中国、中央アジア、西アジアからもたらされた文物がおさめられており、この時代の文化の国際的な性格を示しています。七七〇（宝亀元）年には、死者の冥福のために百万塔がつくられました。百万塔は木製の小さい三重塔で、その露盤には、銅版または木版で印刷された陀羅尼（神秘的な仏のことば）がおさめられていますが、これは現存する世界最古の印刷物です。

行基　仏教文化が栄えた奈良時代に、仏教は民衆の生活にしだいに根をおろしていきました。すでに奈良時代以前にも、山城の宇治橋を架けた元興寺の道登、諸国に布教の旅をして、井戸を掘り、橋を架け、船をつくった法相宗の道昭など、社会のために尽くし、民衆に仏教をひろめた僧の事績が伝えられています。奈良時代には、薬師寺で道昭に学んだといわれる行基（六六八―七四九）が出て、民衆の間に仏教を布教し、民衆に支えられた仏教運動を組織しました。

行基は、和泉国の豪族の出身で、めぐまれた官寺の生活に反発して、三七歳で故郷にもどり道場をひらきました。こののち行基は、深山で修行し、畿内の諸国で布教しました。行基は、貢納と労役にあえぐ農民の生活をたすけるために、池を掘り、橋を架け、用水をつくり、農事を指導したと伝えられ、伝説上のその足跡は、ほとんど全国に及んでいます。

養老年間（七一七―二四）には、行基のもとに多数の弟子が集まるようになり、農村でも平城京でも、行基の教えをきく人びとが増えました。行基の弟子は、私度の僧尼や呪術を行ない神がかりする宗教・呪術者など、国家仏教のわくからはずれた民間の宗教者がほとんどでした。かれらは、在俗の男女の仏教者という意味で、優婆塞、優婆夷とよばれ、また物ごとをよく知っている人ということから、ヒジリ（日知り、聖）ともよばれました。七一七（養老元）年、行基の集団は、物を乞い、人をまどわす者として弾圧されました。

仏教が普及するにつれ、民衆は、国家の鎮護を目的とする国家仏教ではなく、民衆を救う教えとしての身近な仏教を求めるようになりました。行基が率いていたヒジリたちは、民衆の生活に密着し、その切実な願いにこたえる新しい仏教の担い手となりました。

天平年間（七二九―四九）には、弾圧にもかかわらず、行基の運動はますます大きくなりました。

行基は、春日山に黒山のような群衆を集めて教えを説き、民衆は行基にふしぎなるご利益をもとめてやみませんでした。こののちも、平城京に進出した行基の集団にたいする圧迫はつづきましたが、朝廷はすでに大きな勢力となったこの運動を国家仏教のわくの中へとりこむために、七三一（天平三）年、行基と弟子たちに僧尼になることを許しました。こののち行基は、畿内の村々に布施家（施行所）をつくり、四九の道場を建立したと伝えられます。ほどなく大仏建立の事業がはじまり、朝廷は行基の集団の力を、この国家的事業に役立てるために、七四五（天平一七）年、行基を日本で最初の大僧正に任じ、封一〇〇戸をあたえました。晩年の行基は、弟子をつれて諸国に勧進の旅を重ね、大仏建立のために、行く先々で布帛、農作物、金銭などを集めました。

行基は、民衆の救済に一生をささげた僧として、行基菩薩とあがめられました。古代仏教国家の底辺では、行基の運動が示すように、民衆に密着したヒジリたちの活動によって、仏教が民衆の生活に根をおろしていったのです。

道教と儒教の伝来　仏教とともに、七—八世紀には、道教と儒教が本格的に日本に伝えられ、律令制国家の確立に大きく役立つとともに、日本宗教の展開に抜きがたい影響をあたえました。

道教は、古代中国で民衆の間にひろく行なわれていた宗教・呪術を集大成した宗教で、老子を神格化して開祖としています。道教には、老子、荘子の道家の思想をはじめ、古代中国で成立した万物の存在と運動についての理論である陰陽五行説、吉凶を判断する易、不老不死の神仙の存在を説く神仙説などがとりいれられています。

道教と儒教の伝来にともなって、大陸から天文、暦、易、医術などが、日本にもたらされました。すでに六世紀中頃に、百済から易博士、暦博士、医博士が来日したと伝えられ、六七五年、天武天皇は、はじめて占星台（天文台）を設けました。六九〇年、中国の太陰暦である元嘉暦と儀鳳暦（麟徳暦）が採用され、陰陽五行説に基づく暦年の観念が定着しました。七〇一年の大宝令では、中国にならって陰陽寮がおかれ、陰陽師が日、月、星、天文を観測して暦をつくり、雲の色や風の様子から吉凶のきざしをとらえて報告しました。

道教では、さまざまな神を信仰し、呪術が発達していました。道教の呪術は呪禁とよばれます。奈良時代には、宮中に呪禁師がおかれ、病気なおしなどの呪術を行ないました。道教の神仙説は、他界の観念と結びついて民間にひろがり、トコヨ（常世）は神仙が住み、歓楽にみちた不老不死の国と信じられるようになりました。天女が地上に降りて来る羽衣の伝説や、竜宮を訪れた浦島太郎の物語は、神仙説の影響で生まれたものとみられます。『日本書紀』によると、六四三年頃、富士川のほとりで大生部多という者が、黒点のある緑色の虫を常世の神であるとし、これを祀る者には富と寿命があたえられると説いて罰せられています。これは日本最古の流行神の記録ですが、この常世の神は道教系の神のようです。道教の信仰と呪術が普及するにつれ、奈良時代の末には、呪禁師が民衆をまどわしたり、政争に利用されるようになりました。そのため朝廷は、呪禁師の活動を禁止し、道教の呪禁は陰陽寮の管轄に移されました。こうして陰陽五行説に立つ卜占と道教の呪禁が一体となり、日本独特の陰陽道が生まれました。

儒教は、紀元前六―五世紀の古代中国の思想家孔子にはじまる教えで、もともと現実に密着した政治論、道徳論でしたが、紀元前二世紀に漢の国教となってからは、陰陽五行説、讖緯説、易などとの結びつきを深め、神秘的な性格をつよめました。

日本への儒教の伝来は、四世紀末、百済から阿直岐と王仁が来日し、王仁が『論語』と『千字文』を献じたのにはじまると伝えられます。しかし、本格的な儒教の伝来はかなりのちで、六世紀はじめに百済から五経博士が来日してからのようです。「五経」とは、儒教の教典とされる『易経』『書経』『詩経』『春秋』『礼記』をいいます。儒教は、日本の古代国家の政治思想に大きな影響をあたえました。七〇一（大宝元）年、はじめて孔子を祭る釈奠が行なわれ、奈良時代には、儒教の教えが、朝廷をはじめ貴族、僧侶によってさかんに学ばれるようになりました。律令では、儒教は、五経を明らかにする学問という意味で明経道とよばれ、明経博士がおかれました。

神祇制度の成立　古代国家では、祭祀と政治を一体とする祭政一致を基本理念としていましたから、仏教国家の確立と併行して、神祇の祭祀が重んじられ神祇制度がととのえられました。八世紀はじめには、大宝令で、体系的な神祇制度がつくられました。律令制は、中国の制度にならったものですが、神祇制度は、日本独特の制度でした。神祇をつかさどる官庁は神祇官で、長官を神祇伯といい、制度の上では、太政官の上位、全官庁の最高位におかれました。しかし実際には、神祇伯の官位は従四位下で、他の中央官庁の長官よりも低く、機構も小規模でした。神祇官は、宮中で天皇が行なう新嘗祭をはじめとする祭祀を管掌するとともに、全国の有力な神社を官社として管轄し、官社を朝廷に結びつけました。官社には、神祇官が直接、幣帛をたてまつる官幣社と、地方にあるため神祇官にかわって国司が奉幣する国幣社とがありました。祭祀については、年に一九の定例の祭りと臨時祭がさだめられ、また六月と十二月の晦日には、全国土の罪けがれを祓う大祓が行なわれました。

神祇制度の成立によって、天皇の宗教的権威の根源をなしている宮中の祭祀は国家の祭祀として制度化されました。これを皇室神道といいます。皇室神道は、仏教国家の体制が強化されたのちも、一貫して、仏教とは一線を画して仏教化を避け、仏教と対抗する意味もあって、道教・陰陽道系の儀礼を積極的にとりいれました。皇祖神を祀る宮として、個人の奉幣を禁じていた伊勢神宮では、僧尼を忌む建前が守られ、仏教化を拒みましたが、その反面、陰陽の思想をとりいれて、内宮を陰、外宮を陽とする社殿の様式が定まりました。

神祇制度が成立した八世紀には、すでに全国各地に多数の大小の神社がありました。その大半は、原始神道を受けつぐ小社祠で、土地神、祖先神、自然神などを祀っていました。これにたいして有力な大神社は、朝廷が各地に創建した神社や、勢力のある氏族が祖先神を祀った神社などで、多くは官社として国家と結びつき、神領をあたえられ隷属民をもっていました。そのほか、渡来人の集団が、道教、仏教などの神を祀った神社もありました。

これらのさまざまな系統の大小の神社は、神祇制度に組みこまれ、有力な神社は、国家が直接または間接に掌握しました。国司が所管する事項の第一は「祠社」とされ、九州の大宰府では、帥（長官）の上に神祇をつかさどる主神がおかれていました。仏教国家の体制のもとでも、仏教は治部省玄蕃寮の管轄にとどまっていましたが、祭司王である天皇を頂点とする神祇の祭祀は、この上なく重要なことがらとして重んじられていたのです。

2　鎮護国家の仏教

天台宗と最澄　七九四（延暦一三）年、桓武天皇は都を平安京に遷しました。平安初期の九世紀はじめには、天台宗と真言宗が、あいついでひらかれ、南都六宗にかわる新しい国家仏教として発展しました。天台宗も真言宗も、唐で栄えていた仏教の流派を日本にもたらしたもので、鎮護国家の仏教としてひろく迎えられました。

天台宗をひらいた最澄（七六七―八二二）は、近江国の中国系渡来人の豪族の出身で、幼少から神童と評判されるほど賢く、一二歳で近江国分寺に入り、一九歳のとき東大寺で受戒して僧となりました。当時の僧侶の間では、各宗の教学を学ぶとともに、人跡まれなけわしい山にわけ入って修行をする風がさかんでした。最澄は、故郷の比叡山に入り、教学の研究と修行につとめました。比叡山は、日吉神が住む山とされ、古くから山岳信仰の霊山でした。最澄は、山中に比叡山寺を建て、日吉神を鎮守神として祀りました。

最澄は、三論宗、法相宗の教学を批判し、中国から伝えられた天台教学こそ最もすぐれた教えであると確信するようになりました。天台教学とは、法華経を最高の真理とする整った理論体系で、中国の隋の時代に、天台山に住んだ智顗（天台大師）がまとめた教学です。

法華経は、仏教伝来後ほどなく日本に伝えられ、国家を繁栄にみちびき、人びとに現世利益をあたえる神秘的な力をもつ経典として重んじられました。民衆の間でも、法華経を背負ってめぐり歩き、行く先々で、人びとのもとめに応じて、法華経の功徳（ご利益）を施す呪術者が活動し、持経者（持者）とよばれていました。法華信仰に立つ天台教学は、奈良時代に日本にもたらされ、さかんに学ばれました。

中国の仏教では、さまざまな流れに分かれ、内容が矛盾する場合もある仏教の教えを、釈迦一代の教えとして整理し体系づける試みがさかんでした。これを教相判釈（教判）といいます。智顗は、釈迦の教えを、説かれた順序、教えの内容、教えの説き方という三つの面から分類し、それぞれの優劣を判定して、法華経を最高で最後の教えであるとしました。教えが説かれた順序としては、華厳、阿含、方等、般若、法華涅槃の五時（五段階）があるとされます。釈迦の教えは、法華経で完成しましたが、その死までの間に重ねて法を説いたのが涅槃経であるとして、第五を法華涅槃時としたのです。教えの内容は、仮りの教えから真実の教えへ、三蔵教、通教、別教、円教（法華経）と高まっていったとします。また教えの説き方は、頓教、漸教、不定教から秘密教へと展開して法華経となったとし、教えの内容の四教とあわせて八教とよびます。ここから、天台教学の教判は、五時八教の教判とよばれ、古来、もっともくわしく優れた教判とされています。この教判に立つ天台教学は、法華経を頂点とする仏教の総合体系という性格をもっています。

また智顗は、法華経を哲学的に解釈して、三諦円融と一念三千を説きました。三諦とは、空諦、仮諦、中諦をいいます。あらゆる事物や現象を、実体のない平等の姿でとらえるのが空諦です。反対に、実体のある差別の姿でとらえるのが仮諦で、空諦と仮諦が、人間の思考を超えて同時に存在しているとするのが中諦（中道）です。これらの三つの見方は、もともと一体であるとされ、これを三諦円融といいます。ここから、個は全体であり、あらゆる事物や現象（諸法）は、ありのままに存在しているとする諸法実相が説かれています。

一念三千は、三諦円融の哲学を、人生観、世界観として展開した理論です。仏教では、人間の境涯には、地獄、餓鬼、畜生、修羅、人間、天上、声聞、縁覚、菩薩、仏という、しだいに向上する一〇の段階があるとし、これを十界といいます。十界はそれぞれ十界をそなえているので、百界とよびます。百界はそれぞれ十如是という一〇の範疇をそなえているので、千如となります。十如是とは、事物の存在、運動、相互の関係を、相（形相）、性（性質）、体（実体）など一〇の範疇に整理したものです。千如は、個人、集団、国家社会にあたる三つの世間で実現するので、三千とよばれます。この三千がそのままひとりひとりの人間の心の中にそなわっているとするのが、一念三千です。このように、智顗の法華経の解釈は、徹底した観念中心の哲学として展開されています。

智顗は、この理論に立って、精神を集中して実相を直観する止観（しかん）（禅）の修行を教え、法華経を最高の真理とする立場から、仏教の諸流派を論破し、隋の煬帝（ようだい）を教化するとともに、ひろく民衆に法華信仰をひろめました。

比叡山寺に住む最澄は、理論のみに終始する奈良仏教をしりぞけ、理論と実践を結合した天台教学を深くきわめて、天台の学僧としてひろく知られるようになりました。比叡山に接する平安京に都が遷ると、最澄は、比叡山寺に完備した経蔵（きょうぞう）を設けることを志し、弟子とともに写経の運動をはじめました。天台教学は、仏教の総合体系でしたから、充実した仏教図書館が必要だったのです。最澄の運動は、諸国の僧たちの共感をよび、朝廷からも援助があたえられました。

平安京では、桓武天皇による政治の刷新が進み、法華経を第一とする最澄の活動は、奈良仏教の行きづまりを打破して国家仏教を一新する動きとして、桓武天皇をはじめ朝廷の期待をあつめるようになりました。

八〇四（延暦二三）年、最澄は、短期間の留学、視察をする還学生（げんがくじょう）として、唐に渡ることを許されました。最澄は、遣唐使船で難波を出航しましたが、暴風雨にあい、一行四隻のうち二隻だけがようやく中国にたどり着くという危険な航海でした。五四日目にニンポーの港に着いた最澄は、ただちに天台山を訪れて天台教学の精粋を学び、さらに密教を学んで灌頂（密教の受戒の儀礼）を受けました。

最澄は、八カ月の中国滞在を終えて、多数の経典をたずさえて帰国しました。中国で最新の仏教教学を身につけた学僧として朝廷、貴族の歓迎を受けた最澄は、八〇五（延暦二四）年、天台宗（天台法華宗）をひらき、桓武天皇に勅許を願い出ました。天台宗は、法華、禅、戒、密教を合わせ、法華経の真理と華厳経の理想を一体化した新しい鎮護国家の仏教をめざして開かれ、最澄は、天台宗を中心に、あらゆる仏教を鎮護国家のために結集する構想を抱いていました。折から、桓武天皇は重い病気にかかり、最澄は、病気平癒の祈禱に加わりました。

翌年、最澄は、天台と密教の年分度者（国がきめた毎年の得度者）二名をつくることを許されました。これは、天台宗の勅許を意味しました。しかし、ほどなく桓武天皇は没し、最澄はこの最大の外護者を失って、奈良仏教側の反撃にさらされることになりました。最澄は、興福寺の義延をはじめ、奈良仏教の学僧と論争を重ねました。しかし、比叡山寺で得度しても、東大寺での受戒を許されないため、最澄の弟子は、たちまち半減しました。

比叡山延暦寺　最澄と同じ遣唐使船で中国へ留学した空海（七七三―八三五）は、八〇六（延暦二五）年に帰国し、真言宗をひらきました。最澄は、空海から真言密教の教えを請い、弟子とともに空海から灌頂を受けました。最澄と空海は、新しい仏教のあり方をもとめて親しく交わりましたが、奈良仏教と対決する最澄と、奈良仏教と妥協しながら新しい国家仏教をうちたてようとする空海との間には、しだいに溝が深まり、八一三（弘仁四）年、この二人の平安仏教のすぐれた指導者は、交わりを絶ちました。

平安京での最澄の活動は、奈良仏教側の攻撃と、嵯峨天皇に外護された空海の進出によって、大きな壁に直面しました。最澄は、日本国を法華経の力で鎮護するために、東（上野国）、南（豊前国）、西（筑前国）、北（下野国）、中（比叡山西塔）、総（同東塔）の六カ所に千部法華経塔を建立することを発願しました。八一四（弘仁五）年から三年余にわたって、最澄は、九州から東国へと巡教の旅を重ねました。都をとおくはなれた土地で、農民のきびしい生活に接した最澄は、法華経をひろめて民衆を救おうとの使命感を燃やしました。最澄は、奥州会津の恵日寺をひらいた法相宗の得一（徳一）と、衆生の救済をめぐって論争しました。法相宗では、仏性をもたない者は、永遠に救われないとしていましたが、最澄は、あらゆる人間は差別なしに成仏できると主張しました。

比叡山寺にもどった最澄は、八一八（弘仁九）年、生涯で最後の仕事となった比叡山に大乗戒壇をつくる運動をはじめました。最澄は、奈良仏教の手中にある三大戒壇とは別に、天台の戒壇をつくって、天台宗を名実ともに独立させようと考えたのです。最澄は奈良仏教の小乗戒を否定し、独創的な大乗円頓戒を唱えましたが、奈良仏教側は、大乗戒がもともと在家信者のための戒であることを理由に、最澄をはげしく非難しました。奈良仏教は、国家の全面的な支配下にありましたが、最澄は、天台宗が、国家の権力から一定の距離をおいた主体性のある国家仏教となることを理想としていました。そのために最澄は、比叡山に大乗戒壇をつくり、天台宗が自主的に管理し運営することを望んだのです。

この運動の途中で、最澄は重い病気でたおれました。弟子による戒壇勅許の願い出にたいして、嵯峨天皇から勅許が下ったのは、最澄の死後七日目のことでした。比叡山寺は、その翌年、朝廷から延暦寺の寺号を授けられました。「延暦」は、平安京をひらいた桓武天皇がさだめた元号で、元号をそのまま寺号とすることを許されたことは、朝廷が最澄の功績をいかに高く評価したかを示しています。最澄にたいしては、のち八六六（貞観八）年、日本で最初の大師号「伝教」がおくられました。

平安京の北東に位置する比叡山延暦寺は、北東が鬼門とよばれ、わるい方角とされていたことから、王城の鬼門を鎮める鎮護国家の道場として特別に重んじられました。最澄の弟子の円仁（慈覚大師、七九四―八六四）と円珍（智証大師、八一四―九一）は、ともに唐におもむいて密教を学びました。天台宗では密教がさかんとなり、天台の密教僧は、朝廷、貴族のための加持祈禱で、真言宗と腕を競うようになりました。円仁は、奥州の中尊寺と立石寺（山寺）の開基とされ、円珍は、近江国の園城寺（三井寺）を再興しました。

平安中期には、天台宗は、国家と結ぶ最大の宗教勢力に成長し、広大な寺領と僧兵の武力に支えられて、中世末まで大きな力をふるいました。園城寺（寺門）は、延暦寺（山門）と対立して勢力争いをくりかえしました。天台宗の繁栄によって、比叡山は仏教教学の最大の中心となり、平安末期から中世にかけて、比叡山から浄土、禅、法華（日蓮）などの新しい流れが出て、鎌倉仏教の各宗となりました。天台教学は仏教教学の総合体系であり、天台宗は法華を基本に禅、密、戒、浄土などを合わせた宗派であったことから、比叡山は、日本仏教のおもな宗派の源流となったのです。

密教と真言宗　平安初期の八〇六（延暦二五）年、空海が真言宗をひらき、真言宗は、天台宗とならぶ新しい国家仏教となって発展しました。

空海は、讃岐国の豪族の出身で、都に出て官吏の養成機関の大学に入りましたが、仏教こそ最高の真理であると確信するようになり、一年ほどで大学をやめて修行の生活に入りました。空海は、二〇代をつうじて、四国の山岳や海辺で、きびしい修行を重ね、各地を遊行しました。八〇四（延暦二三）年、空海は、留学生に選ばれて中国へ渡りました。この一行には、還学生という高い身分で最澄も加わっていました。空海の乗船は、暴風雨で難破し、一カ月あまり漂流して中国南部の福州にたどりつきました。空海は、五〇日の旅をして、唐の都の長安に着き、青竜寺で恵果について密教を学びました。

密教は、六—七世紀頃、インドで大乗仏教の最後の流れとして成立した教えで、金剛乗ともよばれます。密教は、インド古来の神々の信仰、呪術、祈禱を積極的にとり入れ、大日仏を宇宙の根本の仏として、あらゆる仏、菩薩、神々は、大日仏から出ているとしています。大日仏は、最高の智と理をそなえており、智の世界の金剛界と、理の世界の胎蔵界をつくっているとされ、これをあらわした図絵をマンダラ（曼陀羅、曼荼羅）といいます。密教では、神秘的な力をもつ仏のことばをマントラ（真言）とよんで尊びます。密教とは秘密の教えという意味で、これにたいして、他の仏教の流れは顕教とよばれます。

密教は、チベットに伝えられてラマ教が成立し、また東南アジアにも広がりました。中国には、七世紀なかばの唐のはじめに、インドから密教僧が来て、大日経などの経典を訳し、密教の修法を伝えました。密教では、護摩法をはじめとする呪術的な加持祈禱が大きな要素を占めており、事相とよばれます。密教の発達とともに、災いを除く息災、ご利益をあたえる増益、敵をたおす調伏などを目的とする加持祈禱が広く求められるようになり、事相だけがひとり歩きをする傾向が現われました。そのため、加持祈禱の神秘的な力のもとになる、大日仏を中心とする世界についての理論（教相）を重んじ、事相と教相が並びそなわった密教こそ、正統の密教（純密）であるとして、事相にかたよった密教（雑密、左道密教）をしりぞけるようになりました。中国に伝えられた密教は、正統派の密教で、大日仏にはじまる相承の系譜を中国にもたらし、恵果を真言第七祖としました。

密教は、すべての人間を大日仏の現われであり平等であるとし、積極的に社会に働きかける実践を重んじ、発達した修法の体系をそなえていました。そのため密教は、唐の時代に、宮廷をはじめ民間へもひろく普及しました。空海は、唐の密教の最盛期に、恵果から直接の教えを受けることができました。恵果は、弟子の中でもとくにぬきんでた空海に、遍照金剛の名をあたえ、じぶんの後継者としました。まもなく恵果は没し、空海は師の葬儀をすませると、多数の密教の経典、図像、法具をたずさえて、中国留学二年余で帰国しました。中国の密教は、のち八四二年の仏教弾圧でほとんど絶えてしまったため、唐の密教の正系は、真言第八祖となった空海によって、日本のみに伝わることになりました。

日本には、すでに七世紀に密教の経典がもたらされていましたが、空海によって、はじめて密教の教相と事相が本格的に伝えられました。空海は、平城天皇の勅を受けて平安京に入り、朝廷、貴族の大歓迎を受けました。こうして空海は、真言宗を開創し、鎮護国家と除災、増益、調伏の加持祈禱の効験で尊信をあつめました。とくに嵯峨天皇は、空海の修法によって反乱が治まったとして、空海に深い信頼を寄せ、熱心な外護者となりました。

高野山と空海　八一六（弘仁七）年、空海は紀伊国高野山に密教の道場をひらきました。これが、のちの高野山金剛峯寺です。高野山は、古くから山岳修行の霊場として尊ばれていました。空海がはじめて高野山に入ったとき、土地神が狩人と山人の姿で道案内をしたという伝説が示すように、高野山は、土地神の信仰を包みこんでひらかれた真言密教の霊場でした。

高野山をひらいたのち、空海は、高雄の神護寺を拠点に、平安京でめざましい活動を展開しました。

八二三（弘仁一四）年、朝廷から京都の東寺をあたえられた空海は、寺号を教王護国寺と改め、ここで灌頂を授けました。真言密教は、東寺の密教という意味で東密とよばれ、これにたいして天台宗の密教は台密とよばれます。

空海は、教王護国寺の隣りに綜芸種智院という学校をつくりました。これは、日本で最初の身分にかかわりなく万人に開かれた学校で、二〇年ほど続きました。空海は、宮中でさかんに修法を行ない、平城上皇と嵯峨上皇も灌頂を受けました。八三四（承和元）年、奈良仏教側の反対をよそに、唐にならって宮中に真言院が設けられ、翌年から「後七日の御修法」がはじまり恒例となりました。平城上皇の子真如法親王（高岳親王、七九八―八六五）は、真言宗に帰依し、真言の奥義をきわめようとして、唐に学び、さらに天竺（インド）へおもむこうとしましたが、途中、羅越国（シンガポール）で没しました。

真言宗は、年分度者三名を出すことを許されましたが、空海は、真言宗の僧は東大寺で受戒するきまりとし、奈良仏教側との協調を保ちました。空海は、六二歳で平安京を去って高野山に入り、密教のさだめに従って、坐って手に印契を結んだまま没しました。のち空海に、弘法大師の号がおくられました。

真言密教を日本に伝えた空海は、さかんに加持祈禱を修めて効験を現わしただけでなく、多くの著作で、独自の真言教学を展開しました。空海は顕教を批判して密教を最高の教えとし、密教の修行によって、人間がそのまま仏になれる即身成仏（そくしんじょうぶつ）の道を説きました。また、迷いから悟りにいたる人間の心を一〇段階に分け、第一段階の羊のように本能のままに生きている状態から、最高の秘密荘厳心（ひみつそうごんしん）にいたる十住心（じゅうじゅうしん）があるとしました。秘密荘厳心は、あらゆる徳をそなえた即身成仏の位とされ、真言密教は、この境地に達するための理論と実践を説く教えとされます。

真言密教では、宇宙の万物は、地、水、火、風、空（くう）、識（しき）という六つの構成要素から成っており、たがいに転化しとどこおることがないとします。これを六大といい、六大を大日仏の現われとすることから、あらゆる人間は本質的に大日仏と異ならない存在とされます。仏と人間には、それぞれ身、語、意の三種の神秘（三密）があり、人間は、手に印契を結び（身）、口に真言を唱え（語）、心にふかく義（真理、法則）を観る（み）（意）ことによって、ほんらい心の中にそなわっている仏の三密と一体となることができ、即身成仏ができるとします。

こういう世界観、人間観から、事相の行法が導かれます。人間の側から一定の方法で超越的な存在に働きかければ、神、霊が感応して、人間に応えてくれるというのです。そのため密教では、修法、儀礼がよく発達し、きらびやかな独特の法具や装飾が用いられます。また、仏、菩薩、神々の姿の現わし方（儀軌（ぎき））がさだめられ、さかんに彫像、図像、曼陀羅などがつくられました。これが密教美術で、平安初期にはかずかずのすぐれた作品が生まれました。社会にたいする人間の積極的な働きかけを重んじる密教は、密教即芸術とされ、造型美術をはじめ、文芸、生産技術などと結びついて、その発達をうながしました。

密教のこういう性格を反映して、弘法大師空海をめぐる伝説がつぎつぎに生まれ、民衆の間でながく語り伝えられました。空海の足跡は、伝説ではほとんど全国に及んでいます。水に困っている農民のために、手にした錫杖（しゃくじょう）で地面をつくと、こんこんと清水が湧き出したという弘法の井戸の話や、食を乞う弘法大師をつめたくあしらった農民のイモを石に変えてしまった話などは、とくに有名です。空海は土木技術にも通じており、讃岐国で満濃池（まんのういけ）を造成しましたが、伝説では、井戸を掘り、池をつくり、温泉の利用法から石油や石炭の使い方まで教えたとされています。こういう文化英雄の像は、民間の遊行の宗教者たちが、民衆の生活に密着し、その宗教生活と生産活動にふかくかかわっていた姿を反映したものでしょう。

空海は、書道にすぐれ、嵯峨天皇、橘逸勢（たちばなのはやなり）とともに三筆（さんぴつ）とよばれたことから、「弘法は筆をえらばず」「弘法にも筆のあやまり」などのことわざができました。仏教の教歌の「いろは歌」も、空海の作と信じられるようになりました。やがて高野山は、仏の住む浄土とされ、奥の院には、空海が肉体をそなえて永遠に生きつづけているという入定留身（にゅうじょうるしん）の信仰が生まれました。また、空海の霊跡を巡拝する四国八十八カ所の遍路は、空海と「同行二人」で歩む行（ぎょう）とされ、必ず生きた弘法大師にめぐりあえると信じられていました。

空海の死後、真言宗は、高野山と京都の各本山を中心に、国家鎮護の仏教として、朝廷、貴族に支えられて繁栄をつづけました。真言宗の僧は勅命で講読師に任じられ、諸国で布教しました。真言宗では、師から弟子へ修法がひそかに伝授されますが、平安中期には、この相承のこまかい差異から、益信（八二七—九〇六）の広沢流と聖宝（八三二—九〇九）の小野流が現われ、のちさらにこまかく分かれて、野沢十二流とよばれました。

真言宗が広がり、天台宗の密教化が進むとともに、密教の神々は、現世利益のねがいに応える神として、広く信仰されるようになりました。密教では、インドの古来の神々を仏教の守護神としてとりいれ、不動明王などの明王部の神々や帝釈天、弁財天（弁天）、大黒天、水天、聖天、吒枳尼天（稲荷）などの天部の神々としました。これらの神々は、密教の普及とともに、民衆の信仰を集め、さかんに祀られるようになりました。

神仏習合　新しい国家仏教として、天台宗、真言宗が成立した平安時代には、神祇制度も整い、神道と仏教の結びつきが、さらに深まりました。九〇五（延喜五）年、「延喜式」がつくられ、その中の「神祇式」で、神祇制度が体系的にさだめられました。神社の中でも、平安京の土地神の賀茂、松尾の両神社、桓武天皇が奈良から平安京に遷した平野神社、皇室の外戚となって権勢を強くした藤原氏の氏神、奈良の春日神社とその分社の大原野神社などは、国家の祭祀に加えられ、地位を高めました。定時、臨時の祭りには、泰山府君祭、四角四境祭などの陰陽道系の祭りが増えました。

「延喜式」には、官社の神名帳があって、全国で二八六一の神社、三一三二座の祭神が記されています。これらの神社は式内社とよばれますが、畿内と東海道に集中しており、遠国はごくわずかでした。官社には社格と神階が授けられ、神領をあたえられて、造営などには国費、地方費が支出されました。しかし、官社もふくめて神社の大半は、崇敬者の集団の寄進で運営され、その集団の勢力の盛衰が、そのまま神社に反映するのがふつうでした。それぞれの地方で、中心となって栄えた神社は、総社、一の宮、二の宮、三の宮などとされました。全国の大小の神社では、奈良時代から、国家仏教の進出によって、仏教との結びつきが深まってきました。神前で経典が読まれ、夢に神が現われ、仏の力によって神である身を離脱したいと告げたという話も広まりました。有力な神社では神宮寺がつくられ、寺院では、土地神を鎮守として祀りました。また、僧侶の山岳修行がさかんになると、山岳信仰の仏教化も進みました。僧が山岳の霊場をひらき、土地神を祀った神社には、泰澄（六八二—七六七）による加賀国の白山神社、勝道（七三七—八一七）による下野国日光の二荒山神社、万巻の箱根神社などがあります。このように、神道と仏教が結びつき融けあうことを、神仏習合といいます。

神仏習合が進むとともに、奈良時代に神仏習合神として八幡神が現われ、平安初期に、都を鎮護する神として平安京南郊の石清水に祀られました。八幡神は、もともと九州の宇佐地方の神で、鉱産、鍛冶の神とされ、事あるごとに託宣が下りました。大仏建立にあたっては、八幡神が鋳造をたすけたとされ、仏教を外護する善神として国家の崇敬を受けるようになりました。宇佐の八幡神は、戦争や皇位の継承についても託宣を下し、政治に大きな影響力を及ぼしました。道鏡が皇位につこうとして、宇佐八幡の託宣があったと偽った事件は広く知られています。七八一（天応元）年、八幡神は大菩薩号をおくられ、こののち各地の寺院で祀られるようになりました。八幡神は菩薩であることから、僧形の神像もつくられました。平安京の石清水八幡宮（男山八幡）は、朝廷のあつい崇敬を受け、伊勢神宮に次ぐ神社とされました。

本地垂迹説　平安中期には、神仏習合がさらに進んで、神と仏の関係について本地垂迹説が説かれるようになりました。日本の神々には、それぞれ本地仏があり、インドの仏、菩薩が日本に迹を垂れ、権（仮り）に現われたもの（権現）が、日本の神々であるとする説です。本地仏の観念は、インドで始まり、中国を経て奈良時代の末に日本に伝えられました。インドでは、仏が人びとを救うために、神や人間に仮りに姿を変えて現われるとされ、仏の本地身と垂迹身が説かれました。日本では、おもに天台宗、真言宗の学僧によって、本地垂迹説が日本の神々にあてはめられ、それぞれの本地仏が説かれるようになったのです。本地仏のさだめ方は、時代によっても変遷があり、さまざまでした。伊勢の神は毘盧遮那仏、救世観音、大日仏などとされ、平安中期に広い信仰をあつめた熊野三所の神は、それぞれ阿弥陀仏、薬師仏、千手観音とされました。

本地垂迹説の普及とともに、神社ではその本体である仏を、神宮寺、別当寺をつくって祀ることが一般化しました。神社の祭りには、僧侶が参加して読経し、有力な神社では、仏教の不殺生戒に基づく放生会が営まれました。神社の儀礼にも、仏教儀礼がさかんにとりいれられました。神社建築でも、寺院の建築様式の影響を受けた春日造り、流れ造り、八幡造り、日吉造り、権現造りなどの様式が生まれました。

神が人間になぞらえて考えられ、人間と同じように喜怒哀楽の感情をもち、仏の慈悲そのままに、人間を愛し救う存在とされるようになったのも、おもに仏教の影響によるものです。神社の祭神にも、神仏習合神がつぎつぎに登場し、インドの神が、日本の神と一体のものとして祀られるようになりました。

平安後期には、本地垂迹説に基づく神仏習合の神道説が成立しました。天台系の山王一実神道と真言系の両部神道は、その代表的なもので、神道教義の展開をうながしました。山王一実神道では、釈迦仏を比叡山の鎮守神日吉山王の本地仏とし、「山王」を神秘的に解釈しました。「山王」の文字は、縦の三と横の一、横の三と縦の一から成っていることから、天台教学の三諦円融、一念三千などをあらわしているとしたのです。また、天照大神、八幡大菩薩などの日本の三〇の神々が、一カ月三〇日をそれぞれ受けもち、順番に法華経を守護するという法華三十番神説がつくられ、のちに法華神道に発展しました。

両部神道は、真言教学で日本の神々を解釈した総合的な神道説で、陰陽道もとりいれていました。両部神道では、クニトコタチノミコト、クニサツチノミコト、トヨクモヌノミコトの三神を、仏の法、報、応の三身とし、その一体となったものが大日仏であるとします。伊勢神宮の内宮と外宮は、胎蔵界と金剛界の両部で、ともに大日仏のあらわれであり、一体であるとします。両部神道の名は、もともとこの二種の曼陀羅の意味でしたが、やがて仏教と神道の両部をあわせた神仏習合神道を広くさすようになりました。両部神道は、山王一実神道にくらべると、神道説の展開にはるかに大きな影響をあたえ、中世には習合神道説の主流となって、御流（ごりゅう）、三輪（みわ）などの多くの分流が出ました。

　神仏習合が定着するとともに、神と仏を一体とする見方が普及し、神は仏の影であり、仏教を守護する護法の善神として、仏、菩薩より一段下の存在と受けとられるようになりました。伊勢神宮、出雲大社など、とくに位の高い神社では、仏教化を拒む伝統が生きつづけましたが、ほとんど有力な神社では、しだいに主導権が神宮寺、別当寺の側に移り、別当寺の僧侶である社僧、別当のもとに、神社の神職、社人が従属するようになりました。

　こうして仏教は、神道の骨組みをのこしたまま、神道を包み込む形になりました。神道と仏教という異なる宗教が、決定的な衝突もなく結びつき融けあうことができたのは、他の宗教に寛容な仏教の性格と、民族宗教を受けついだ神道の特質によるものとみられます。救済者である唯一絶対の神を信仰し、社会のおきても道徳も神の命令として絶対化するキリスト教、イスラム教、ユダヤ教などの一神教とちがって、仏教は、根源的な真理である法と自己が一体となることをめざす解脱（げだつ）の宗教として成立しました。そのため、仏教では、どのような宗教、思想も、悟りをひらき仏になるための手がかりやきっかけになることができるとして、一神教のように他の宗教を排除せず、あらゆる宗教に寛容な態度をとることが、基本的な姿勢となりました。仏教じたいも、さまざまな宗教と結びつき、異なる信仰をとりいれて、多くの流派を形成しました。

一方、神道は、集団の祭りを基本とする宗教で、まとまった教義はなく、外来の仏教、道教、儒教と結びつくことで、教義や儀礼を形づくり発達させました。普遍的な真理をかかげ、あらゆる人間の救済を説く仏教と習合することで、神道は、はじめて宗教としての内容をそなえることができたといえます。こういう性格から、神道は、ほんらい他の宗教と結びつきやすい寛容性をもっています。こうして神道は、日本という国に限定され、普遍性をもたない宗教のままで、仏教に包み込まれ、神仏習合の進行とともに、発達をとげていったのです。

御霊信仰と天神　平安中期には、律令制の基盤がくずれ、土地の私有が広がって荘園化が進みました。大きな寺領、神領も荘園化の道をたどりました。藤原氏が摂政関白を独占して政権をにぎったこの時代には、密教僧や陰陽師の呪術祈禱がさかんにもてはやされました。陰陽道では陰陽五行説に基づいて、「甲乙丙丁戊己庚辛壬癸（こうおつへいていぼきこうしんじんき）」の十干、「子丑寅卯辰巳午未申酉戌亥（ねうしとらうたつみうまひつじさるとりいぬい）」の十二支を組み合わせて複雑な法則をつくり、年、日、時刻、方角、人の一生など、あらゆる現象にあてはめて吉凶を説きます。そのためたくさんの禁忌（きんき）がつくり出され、貴族も民衆も、災いを避けるために幾重にも禁忌を守り、陰陽師の呪力に頼りました。貴族たちは、陰陽道の神の天一神（てんいちじん）（中神（なかがみ））のいる悪い方角を避けて、前夜、べつに宿をとる方違え（かたたがえ）をし、役人は日が悪いことを理由に欠勤するほどでした。

地方政治が乱れ、平安京でも政争が激しくなった平安中期には、地震、風水害、ひでりなどの自然災害が続発し、疫病も流行して、そのたびに多くの死者が出ました。これらの災厄（さいやく）は、強い霊の祟（たた）りとして怖（おそ）れられ、御霊（ごりょう）信仰がさかんになりました。御霊とは、災厄をもたらす強い霊を敬ったよび方です。疫病をおさえるために、宮中をはじめ大きな神社では、御霊会（ごりょうえ）が営まれました。祇園社（ぎおんしゃ）（八坂（やさか）神社）は、八七六（貞観一八）年に疫病が大流行したとき、占いで仏教の牛頭天王（ごずてんのう）の祟りとわかり、平安京に牛頭天王を祀ったのがはじまりです。牛頭天王は、もともと水の神でしたが、やがて疫病の神を支配する神とされ、スサノオノミコトともされて、尾張国の津島天王など、各地で祀られるようになりました。

御霊信仰は、都から地方に広がり、農村では病虫害などをおさえる御霊の祭りが普及しました。御霊の祭りは、強い霊の力をおさえ鎮めるのが目的でしたから、都市を中心に、昼間のはなやかな祭りとなって発達しました。こうして華美な飾りものをつくり、行列や歌舞をともない、おおぜいの人を集めて神の威勢を示す祭礼が生まれました。とくに都市では、人口が集中しているために疫病の被害がはげしく、その流行は夏季に多かったため、御霊の祭りは、夏祭りとして定着しました。もともと農耕儀礼にはじまる神社の祭りは、春と秋の夜間の祭りが基本でしたが、こうして昼間の夏祭りがくわわり、やがて神社の祭りじたいが、昼間の行事を中心とするようになりました。

御霊信仰では、日本やインドの神々とともに、陰陽道が説く鬼や特別な個人の霊なども信仰の対象となりました。きわめて個性的な働きをした人、異常な死に方をした人や、とくに怨みを抱いて死んだ人の霊は、死後も強い力を失わずに、人間に働きかけると信じられたのです。

個人の御霊を神として祀った代表的な例は、菅原道真（八四五—九〇三）の霊と雷神などが習合した天神です。道真は、左大臣藤原時平のために無実の罪で九州の太宰府に流され、そのまま没しました。道真の怨霊は、藤原一門に祟り、急死する者があいつぎました。さらに雷を落とし、災害をもたらしたので、貴族も民衆も怖れおののき、九四七（天暦元）年、平安京北野にある天神の祠の地に、道真の霊を天満大自在天神として祀り鎮めました。天神とは、もともと天の神のことで、広く各地で祀られていましたが、道真の霊と天神、雷神の信仰が結びついて天神信仰が生まれたのです。中世には、天神の御霊神としての性格はうすれ、道真が学芸をよくしたことから、文字や詩歌、学問の神となり、全国各地に天神を祀る天満宮、天神社などがつくられました。

浄土教　平安中期から後期に、新しい救済の宗教として浄土教がさかんになりました。浄土とは、仏が住んでいる国土のことで、われわれが住むこの娑婆世界の他に、無数の浄土があるとされています。浄土にたいして、この世界は、煩悩でけがれているとして穢土とよばれますが、この世界も悟りをひらけば浄土となるという地上仏国土の思想も、仏教の有力な思想となっています。

おおくの浄土の中で、阿弥陀仏の西方極楽世界、薬師仏の東方浄瑠璃世界をはじめ、菩薩が住む観音の普（補）陀落山、弥勒の兜率天などが浄土信仰の対象となりました。なかでも、阿弥陀仏の極楽浄土の信仰は、東アジアに伝えられ、もっとも広く普及したため、浄土といえば極楽浄土、浄土教といえば死後に極楽に往生する教えをさすようになりました。

阿弥陀仏の信仰は、一〇〇年頃、北西インドで成立し、中央アジアから中国、朝鮮、日本に及びました。この仏の名は、はかりしれない光明をもつ仏、はかりしれない寿命をもつ仏という意味で、無量光仏、無量寿仏とも訳されます。阿弥陀仏を光の神格化とする観念は、中央アジアに広まっていた光の神ミトラの影響といわれます。阿弥陀仏は、とおい昔、法蔵菩薩として修行をしていたとき、あらゆる人間の救済を願って四八の誓願を立て、その第一八願で、生きとし生ける者がすべて救われない間は、わたくしは仏にならないとちかったとされます。この誓願を本願といい、第一八願を、本願の中の本願という意味で王本願とよびます。

浄土教は、二世紀後半に中国に伝わり、阿弥陀仏の名をとなえて、阿弥陀仏によって救われることを願う称名念仏が普及しました。念仏は、「南無阿弥陀仏」と唱えて心に阿弥陀仏を念ずることで、「南無」とは、帰依するという意味のサンスクリット語を漢字にうつしたものです。

浄土教が中国に広がるとともに、極楽の楽しさと地獄の恐ろしさがくわしく説かれるようになりました。阿弥陀仏に救われた者がおもむく極楽は、苦しみも死もなく、もろもろの楽しみだけを受ける理想の世界とされました。これにたいして地獄（ナラカ、奈落）は、地下にある極苦の世界で、罪を犯した者が堕ちる世界とされます。地獄には、八熱、八寒、孤（孤独）の大地獄があり、さらにおのおの一六の小地獄が付属しています。地獄の支配者はヤーマ（閻魔）で、地獄に堕ちた者は、その前に引き出され、恐ろしい獄卒によって責められて、剣の山、血の池などに追い立てられるとされます。地獄の観念は、インドで発達しましたが、中国に伝えられる間に、古代オリエントに始まる死後の審判の思想と結びつき、中国では、地獄にあって死者を裁く閻羅王、泰山王（泰山府君）、転輪王などの十王が説かれ、信仰されました。

浄土教は、七世紀に日本に伝えられ、来世（死後の世界）についての観念を発達させました。比叡山では、念仏の常行三昧の行が修められ、貴族の間では、死者の霊を慰め、来世の幸福を願う追善供養がさかんになりました。平安中期には、空也（九〇三―七二）が出て、民衆に念仏を広め、阿弥陀聖、市聖とよばれました。空也は、尾張国分寺で沙弥となり、遊行して、行きだおれの死者を見つけると、火葬にして、ていねいに葬りました。平安京に現われた空也は、集まった群衆とともに、かねをたたき踊りながら一心に念仏を唱えました。

空也は、のち比叡山で僧となりましたが、念仏の運動が天台宗の支配下におかれることを拒み、生涯を民間の念仏聖としてすごしました。空也は、一四年をかけて大般若経六〇〇巻を紺地に金泥で書写する運動をなしとげ、九六三（応和三）年、賀茂の河原で経供養を営みました。この経供養には、貴族から民衆にいたる老若男女が群集して、口々に念仏を唱え、かねをたたいて踊りつづけました。夜は万灯会をもよおし、無数の明りが川面に映ったと伝えられます。

念仏がさかんになった平安中期に、天台宗の源信（九四二―一〇一七）が『往生要集』をあらわし、浄土教の理論と修行を体系づけました。恵心僧都とよばれる源信は、浄土教を深く研究し、中国の学僧とも文通して教えを受けました。『往生要集』には地獄の有様がくわしく描写されており、平安末期から中世にかけての浄土教の発展に大きな影響をあたえました。

末法思想　摂関政治が行きづまり、院政が始まった一一世紀には、政治の動揺、災害、疫病の流行に直面していた貴族の間で、浄土教が流行しました。貴族たちは、密教や陰陽道に現世利益を求めるだけでなく、念仏によって日々の不安から逃れ、死後の極楽往生を願ってやまなかったのです。

浄土教の流行は、この時期に熱病のように広がった末法到来の危機感と深く結びついていました。末法の思想は、中国で整えられた仏教の歴史観で、一種の終末の思想です。釈迦仏の時代を正法、そのあとにつづく時代を像法とよび、最後に来る時代を末法といいます。末法の時代は、仏の教えだけがのこり、修行者もおらず、修行の成果もない恐ろしい暗黒の時代とされます。これを正像末の三時といい、中国では、この説に、さらに仏滅後二五〇〇年で仏教が滅びるという五五百歳説が結びつきました。五五百歳説とは、仏滅後、五〇〇年ずつ五つの時代があって、法滅尽（仏教の終末）の恐ろしい時代が来るという説で、最後の五〇〇年間は、修行者がたがいに争ってやまない闘諍堅固の時代とされます。中国の浄土教は、こういう恐ろしい末法の世を救う他力（阿弥陀仏の力）の教えとしてひろがりました。

日本には、すでに奈良時代に末法思想が伝えられていましたが、平安中期まではほとんどひろがりませんでした。正像末の三時の年数については、末法を一万年とする点は共通でしたが、正法、像法の年数には、五〇〇年、一〇〇〇年などいくつもの説がありました。日本の仏教では、仏滅を中国の周の時代の紀元前九四九年とする中国仏教の説が信じられていましたから、正法、像法を各一〇〇〇年として、後冷泉天皇の時代の一〇五二（永承七）年が末法の第一年になるとされていました。

こうして、政治の乱れ、災害や疫病の続発、僧兵の暴状などの世情を背景に、末法の到来が広く信じられるようになり、末法の救いを阿弥陀仏に願う浄土教がさかんになりました。貴族たちは、争って阿弥陀堂を建て、臨終には、西の空から阿弥陀仏が多くの菩薩を従えて迎えに来てくれるという聖衆の来迎を信じました。来迎図や地獄の恐ろしい有様をえがいた地獄変相図（地獄変）がえがかれ、貴族の中には、息をひきとる間ぎわに西を向いて、阿弥陀仏の像の印を結んだ手とじぶんの手を糸で結んで、極楽往生を確実なものにしようとした者もいました。

五二年にわたって摂政関白をつとめた藤原頼通は、一〇五三（天喜元）年、宇治川に臨む別荘を寺院にした平等院に阿弥陀堂（鳳凰堂）をつくりました。この堂は、定朝が作った金色の阿弥陀像を本尊とし、天井からは二重の天蓋が下り、欄間には五〇体の歌舞の菩薩が飛び交っていました。工芸技術の粋をあつめたその美しさに、当時の人びとは、「極楽いぶかしくば、宇治の御寺を敬え」とうたったほどでした。

平安後期には、院政のもとで各地の荘園農民の間から武士が興り、源氏、平氏の二大勢力に成長して、中央の政治に進出しました。新興の武士層とこれを支える農民の間では、天台宗、真言宗と結ぶ荘園領主に対抗する新しい教えとして、浄土教がひろく迎えられました。一一二四（天治元）年、良忍（一〇七二―一一三二）が融通念仏宗をひらき、念仏はあらゆる行に通じると説いて、農民の間に念仏をひろめました。良忍は、比叡山の雑役僧の出身で、夢で阿弥陀仏の教えを受けたとして、念仏の功徳を強調し、農民の現世利益の求めに応えました。

弥勒・地蔵・観音の信仰　末法思想を背景に、弥勒と地蔵の信仰が普及しました。弥勒菩薩は兜率天に住み、仏滅後五六億七〇〇〇万年たつと、地上へ下って仏になると説かれています。弥勒の下生を願う信仰は、中国、朝鮮では、理想世界の弥勒の世をもとめる救世主の信仰に展開しました。日本では、平安中期に、貴族の間で、弥勒の浄土へ生まれることを願う弥勒上生の信仰が広まりましたが、平安後期には、浄土教の流行に押されて上生信仰は衰え、弥勒下生の信仰が主流となりました。中世には農民の間で救世主としての弥勒が広く信仰されました。

地蔵はもともとインドの大地の神でしたが、仏教にとりいれられ、仏滅後、弥勒が下生するまでの無仏の時代に、修行僧の姿で衆生を救う菩薩とされました。そのため地蔵は僧形で現わされ、浄土教や末法思想と結びついて、地獄の責め苦から亡者を救い出す慈悲の菩薩として信仰されました。中世には、地蔵は、この世と地獄の境に立つとされることから、境（サヘ）の神の信仰と結びつき、村はずれの辻に石の地蔵が建てられるようになりました。地蔵はやさしい童顔の僧形で現わされることから、子どもの守護神ともされました。

平安後期には、観音（観世音）信仰もさかんになりました。観音とは、観ることの自在な者という意味で、衆生を観て自在に救う菩薩とされ、さまざまに形を変えた姿であらわされます。観音信仰は、法華経でも説かれており、その章は「観音経」として普及しました。日本では、飛鳥時代以来、現世利益神として信仰され、奈良時代には大和国の長谷寺、近江国の石山寺、筑紫観世音寺など、平安時代には京都の清水寺、武蔵国の浅草寺（浅草観音）などの観音を本尊とする寺院がつくられました。平安中期には、さまざまな観音を合わせて、衆生を救う菩薩として信仰する、三十三観音などの信仰がさかんになりました。京都の三十三間堂（蓮華王院）はこの信仰から後白河法皇が建てたものです。平安後期には、西国三三カ所の観音霊場の巡礼が流行しました。また観音の普陀落浄土も広く信仰され、観音を本地仏とする熊野の那智（飛滝権現）は、観音浄土とされました。ただ一人で、熊野から南へ船をこぎ出して海上で果てる、普陀落渡海の行を行なう僧もあらわれました。

Ⅲ　中世の宗教

1　鎌倉仏教

浄土宗と法然　古代末期の源平のたたかいで、平氏を滅ぼした源頼朝は、一一九二（建久三）年、鎌倉に幕府をひらきました。源氏が八幡神を氏神としたことから、八幡神は武神とされるようになり、頼朝は石清水八幡を鎌倉に勧請して、鶴岡八幡宮を創建し、幕府の守護神としました。

平安後期に、末法思想と結びついてひろがった浄土教は、新興の支配階級に成長した武士層と、これを支える農民の間でひろく迎えられて、浄土宗、真宗（浄土真宗）、時宗があいついでひらかれ、禅宗、日蓮宗とならぶ、鎌倉仏教の大きな流れとなりました。

浄土宗の祖となった法然（一一三三―一二一二）は、美作国の豪族の家に生まれ、同じ荘園の武士の夜討ちにあって殺された父の最期のことばに従って、父の菩提をとむらうために仏門に入りました。法然は、比叡山にのぼり、浄土教の学僧として聞こえた叡空に学び、法然房源空と名のりました。やがて法然は、その学識で「知恵第一の法然房」とよばれるようになりました。院政末期の比叡山では、僧たちは権力者のための加持祈禱に日をおくり、僧兵たちは力をたのんで平安京を脅やかしていました。その中で法然は、ひたすら浄土の信仰を求めつづけ、念仏を行ずることによってのみ、阿弥陀仏の救いにあずかることができるという専修念仏の信仰に到達しました。

法然は、一一七五（安元元）年、比叡山を去って、京都東郊の吉水に住み、さまざまな身分の人びとに専修念仏を説きました。こうして浄土宗をひらいた法然は、学徳のほまれの高い僧であったことから、後白河法皇や摂政九条兼実のような有力者の帰依を受けました。

それまでの浄土教では、現世をいとい来世のしあわせを願う逃避的な傾向が強かったうえ、むずかしい教学を学び、さまざまな行と結びついたきびしい修行をし、多くの財物を布施することが必要とされていました。法然は、念仏以外の行や複雑な教学を、阿弥陀仏の救済の本願をはばむものとしてしりぞけ、念仏のみで、あらゆる人間が救われると説きました。

法然は、九条兼実に求められて『撰択本願念仏集』をあらわし、救済の教義を深く展開しました。法然によれば、末法の世に苦しみを背負って生きている、まずしい人、愚かな人、生きるためにやむをえず罪をおかす「悪人」も、武士は武士、農民は農民の日常生活のままで、念仏を唱えることで救われるというのです。法然は、女性を差別して事実上、救済からしめ出していた古い仏教のあり方を批判し、説法の座を女性にたいしても完全に開放しました。

法然は、浄土門以外の教えを聖道門とよんで否定し、僧たちが、口では戒律を尊びながら、退廃した生活をおくっている実態を批判しました。法然の教えは、身分のちがいを超えて老若男女からつよい感動をもって迎えられ、専修念仏の教えは近畿から東国にひろがりました。とくに武士の間からは熊谷直実、宇都宮頼綱、結城朝光ら熱心な信者があらわれました。日々、生死の間に身をおいている武士たちは、念仏に新しい救いを見いだしただけでなく、荘園を支配する貴族、天台、真言の寺院、神社などの力や権威とたたかうために、阿弥陀仏のみを信仰するこの一神教的な救済の宗教をすすんで受けいれたのです。

専修念仏がさかんになると、南都六宗と比叡山からの攻撃がはげしくなりました。華厳宗の明恵（一一七三―一二三二）、法相宗の貞慶（一一五五―一二一三）ら有名な学僧は、法然に教学上の批判をくわえました。比叡山では、僧兵が破戒と他宗排撃を理由に天台座主に念仏の禁止を求め、興福寺も、朝廷に専修念仏の禁止を要求しました。南都北嶺とよばれる興福寺と延暦寺は、僧兵の武力を背景に、専修念仏の弾圧にのりだしたのです。法然は、戒律を重んじる立場に立っていましたから、延暦寺に弟子一八九名が連署した文書を送り、山門の攻撃を和らげようとしました。しかし、浄土宗が新しい救済の宗教として民衆をとらえていくかぎり、古代仏教との対決と権力による弾圧を免れることは不可能でした。

一二〇〇（正治二）年、開かれてまもない鎌倉幕府が念仏を禁止したのにつづいて、一二〇七（建永二）年、朝廷は専修念仏に根こそぎの弾圧をくわえました。後鳥羽上皇が熊野に参詣した留守に、法然の弟子が宮中で女官を出家させたことを、女犯の罪をおかしたとされたのです。こうして、法然門下の僧四名が四条河原で斬られ、法然と弟子八名が流罪となりました。流罪となった弟子のなかには、のちに真宗をひらいた親鸞（一一七三―一二六二）もいました。

　このとき法然は、七五歳でしたが、僧の身分をうばわれ、藤井元彦という俗名で讃岐国に流されました。法然は、「たとえ死罪となっても念仏はやめない。流刑で辺鄙な土地へ行って田夫野人に念仏を勧めることができるのは、朝恩というべきだ」と語ったと伝えられます。法然は、流刑地への旅の途中でも布教をつづけ、港町の遊女にも念仏をすすめたということです。法然は塩飽島におちつきましたが、一〇カ月余りで許されました。こののち四年ほど、法然は摂津国にとどまり、一二一一（建暦元）年、帰京を許されて大谷に住み、念仏の再興を図りましたが、翌年、八〇歳で没しました。専修念仏の禁止と弾圧は、法然の生前に六回にも及びましたが、その死後も念仏への攻撃はやみませんでした。法然の遺体は大谷に葬られましたが、その一五年後に、比叡山の僧兵が墓を破壊しようとしたので、あらためて火葬にし、弟子たちに分骨しました。弟子の源智は、大谷の地に遺骨をおさめ、のちの浄土宗総本山知恩院を創建しました。

　法然の死後、浄土宗は、教義上の対立から鎮西派、西山派、長楽寺派、九品寺派など一五派にわかれ、弾圧を避けるために天台宗との妥協が進みました。南北朝時代には、鎮西派に聖冏（一三四一―一四二〇）とその弟子の聖聡（一三六六―一四四〇）が出て、関東、東海地方に進出し、封建領主や武士層を信者にして、江戸の増上寺など多くの寺院をひらきました。この時期から、浄土宗は天台宗をはなれて独立の宗派となり、室町時代には天皇、公卿の帰依を受けて、京都で勢力をのばしました。

真宗と親鸞　真宗（浄土真宗）をひらいた親鸞は、平氏の政権が絶頂期にあった一一七三（承安三）年、京都南郊の宇治の農村で生まれました。父は下級貴族であったともいわれますが、はっきりしません。源平の争乱を目のあたりにしながら育った親鸞は、九歳で比叡山にのぼり、範宴という名をあたえられました。これは、法然が比叡山を去って三年後のことでした。比叡山で、親鸞は山内の雑役をつとめながら教学を学びましたが、源平の死闘から鎌倉幕府の成立へと激動する時世をよそに、停滞し退廃を深める比叡山の現状に失望し、法然が説く新しい救済の教えに心をひかれました。親鸞は、二〇年ちかくを過ごした比叡山を去る決心がつかないまま、京都の六角堂救世観音にこもり、九五日目に、夢で聖徳太子のお告げを受けて、法然のもとへ身を投じたと伝えられます。

親鸞は、師の法然に深く傾倒し、「もし法然上人にだまされて、念仏によって地獄に堕ちても、けっして後悔しない」と心に決めたということです。吉水で、親鸞は高弟のひとりとして法然に仕えましたが、五年ほどで、専修念仏の弾圧事件がおこりました。親鸞は、僧の身分を奪われ、老いた師と別れて、藤井善信という俗名で越後国に流されました。

越後の国府に住んだ親鸞は、姓を愚禿、名を親鸞とあらため、こののちは、僧でもなく俗人でもない非僧非俗の立場を、没するまで守りつづけました。非僧非俗とは、出家者の戒律からも在家者の戒律からも離れさったという意味で、親鸞はきびしい配流（はいる）の生活の中で、何ものにもとらわれないひとりの人間として、念仏の信仰をさらに深く求めていったのです。四年で親鸞は罪を許されましたが、ほどなく法然の死を聞いて、そのまま越後国にとどまりました。

一二一四（建保（けんぽう）二）年、四二歳の親鸞は、妻の恵信尼（えしんに）と幼い子をつれて東国に旅立ちました。こののち二〇年余りにわたって、親鸞とその家族は常陸（ひたち）国笠間（かさま）郡稲田（いなだ）村に住み、まずしい農民たちの中で、親鸞じしんも、ひとりの農民として働きながら、法然の立場をこえて独自の教えを展開していきました。

法然は、専修念仏によるあらゆる人間の救いを説きましたが、それでもなお、極楽往生（ごくらくおうじょう）には、戒律を重んじ、善根（ぜんこん）を積み、数万遍の念仏を唱えることが必要であるとしていました。親鸞は、心の底から阿弥陀仏による救済を願いながら、重い年貢（ねんぐ）に追われて寝る間も惜しんで働き、善根を積んだり、何万遍もの念仏を唱える力も時間もないまずしい下積みの人びとこそ、この世でいちばん救われなければならない人たちであると確信しました。親鸞は、法然の教えには大きな限界があり、さらに徹底した他力による救済の教えが求められているとしたのです。

親鸞は、阿弥陀仏の四八の本願を、三つの願に集約し、最後に第一八願に到達すると説きました。あらゆる人間は、阿弥陀仏の本願を信じ、阿弥陀仏にすべてを任せるという心をこめたただ一回だけの念仏で救われるとされます。どのような人であっても、他力によって救われるという親鸞の教えは、生きるために狩や漁で生きものを殺さなければならない「悪人」こそが、最も救われるべき人びとであり、救われる要因をそなえているという悪人正機の説に発展しました。親鸞によれば、ただ一回の念仏で、すでに極楽往生はきまっており、その後の日常の念仏は、阿弥陀仏にたいする報恩の念仏であるとされ、臨終の来迎は否定されました。こうして親鸞は、念仏の救いを社会の底辺の民衆すべての救済におしひろげました。親鸞のもとには、教えを求める人びとが少しずつ集まるようになり、やがて四五人ほどになりました。親鸞は、阿弥陀仏の前では、誰もが平等で師も弟子もないとして、これらの人びとを同朋同行とよびました。

一二三一（寛喜三）年頃、親鸞は末娘の覚信をともなって、京都にもどりました。京都で親鸞は、世に知られることもないまずしい生活の中で、『教行信証』の著作を完成し、極楽往生した人が、ふたたびこの世にもどって人びとを救うという還相回向の説などを述べました。また親鸞は、東国にのこしてきた同朋のために著作をし、やさしい文章で信仰を説いた和讃をつくりました。

しかし、八〇歳を越えた親鸞には、なおきびしい試練が待っていました。下総国で念仏が弾圧され、その背景には、東国でさかんになった異端の動きがありました。親鸞は、阿弥陀仏一仏への信仰がすべてであるとし、他のもろもろの神、霊を否定し、念仏以外の行を雑行雑修として、いっさい認めませんでした。東国では、こういう親鸞のきびしい教えにそむいて、念仏と密教の加持祈禱などを結びつけるようになり、その中心には、親鸞の子善鸞（一二一〇―九二）がいました。善鸞は、父から受けた秘儀と称して異端をひろめていたのです。親鸞は、悲しみにたえて、善鸞と父子の縁をきりました。

最晩年の親鸞は、すべてのものごとは、仏の誓いのままに、形や是非善悪をこえて絶対の真理の現われであるとし、自力のはからいを捨てて仏の法に従うという自然法爾の境地にたどりつき、九〇年の生涯を閉じました。親鸞は、じぶんの生涯を顧みて罪ふかい一生であったとし、「遺体は灰にして賀茂川に捨てよ」と遺言したと伝えられます。

親鸞は、京都の北大谷に葬られましたが、のち大谷の吉水に改葬されました。墓所には堂をつくって親鸞の画像を安置し、娘の覚信尼が住みました。のち亀山天皇は、この廟堂に久遠実成阿弥陀本願寺の寺号を授け、これが本願寺の起源となりました。親鸞は、生涯ひとつの寺院もつくらず、新しい宗派をひらく意志もありませんでしたが、その没後、東国では高田派、曾根派、鹿島派などの小さい信者集団が育っていきました。鎌倉末期に本願寺をついだ覚如（一二七〇―一三五一）は、東国の各派をまとめ、本願寺を中心とする教団の形成をすすめましたが、真宗（本願寺教団）の本格的な発展は、室町時代を待たねばなりませんでした。

時宗と一遍 法然の浄土宗、親鸞の真宗につづいて、鎌倉中期に一遍（一二三九―八九）が時宗をひらき、さらに念仏を民衆の間に普及しました。一遍は伊予国の豪族河野氏の出身で、比叡山にのぼって僧となりましたが、さらに太宰府で浄土宗西山派の聖達について学び、智真という名をあたえられました。一遍は浄土の信仰を深め、東国をめぐって信濃国の善光寺に参籠したのち、伊予国にもどって庵を結んで住みました。一遍は、さらに修行を重ねて遊行の生活に入り、四国、九州、近畿の霊場をめぐって参籠しました。

一二七四（文永一一）年頃、一遍は高野山を経て熊野で一〇〇日の参籠をしました。満願の日に、一遍は夢で阿弥陀仏をたたえる神のことばを受けたと伝えられます。そのことばは、「六字名号一遍法、十界依正一遍体、万行離念一遍証、人中上々妙好華」の四句から成る偈で、各句の最初の字が「六十万人」になることから、「六十万人の偈」とよばれます。この偈にちなんで、智真は一遍と号し、時宗をひらきました。

時宗とは臨命終時宗の意味で、毎日の生活をつねに臨終の時と受けとめて、念仏を唱える生き方を説きます。一遍は、空也を先師と仰ぎ、古代以来の念仏聖の活動を受けついで、こののち一五年ほどにわたり、全国をほとんどくまなく遊行し、念仏をひろめました。一遍は、元寇（モンゴルの来攻）とそれにつづくきびしい非常体制のもとで布教の旅をつづけました。行く先々で一遍は、「南無阿弥陀仏、決定往生六十万人」と記した念仏の紙札を配り、信仰の縁を結んだ人の名を勧進帳に記しました。一二七九（弘安二）年からは、空也にならって踊り念仏をはじめました。踊りに集まった人びとは、熱狂して先を争うように結縁をしました。

一遍の遊行には、高弟の聖戒や尼僧の超一ら数人の弟子がつき従いました。その情景は、聖戒がつくった絵巻の「一遍聖絵」とその別本に生き生きとえがかれており、一遍のまわりに集まった人びとが、まずしい下積みの老若男女であったことがわかります。一遍は、民衆の間に生きている神々の信仰と念仏とを結びつけ、神々は阿弥陀仏を讃え守護していると説きました。一遍は、とくに瀬戸内海の守護神で河野氏の氏神のオオヤマツミノカミと熊野の神をあつく崇敬し、また高野山で行なわれていた真言念仏の影響をうけて、高野山を霊場として尊びました。遊行上人、捨聖とよばれた一遍は、わかりやすい救済の教えで、浄土教に昔からの神々の信仰を包みこみ、踊り念仏の宗教的興奮をつくりだして、時宗をひろめました。一遍は、兵庫和田岬の観音堂で最後の法談をし、たずさえていた書物などを焼き捨てて、五一年の生涯を終えました。一遍の布教で、勧進帳に名を連ねた人びとは、二五万人余にのぼったといわれます。

生涯を遊行僧として過ごした一遍は、寺院もつくらず、著作ものこしませんでした。一遍の没後、弟子の他阿真教（一二三七―一三一九）らによって各地に道場がつくられ、時宗の教団化がはじまりました。鎌倉末期から南北朝時代には、当麻派、遊行派など一二派が栄え、一三二五（正中二）年、相模国藤沢に清浄光寺（遊行寺）がつくられました。室町時代には、時宗は禅との結びつきをふかめて、武士層に迎えられるとともに、芸能、文芸の面にも進出しました。時宗では、名前に「阿弥陀仏」をつけるならわしがあるので、時宗の影響を受けて展開した独自の文化は、時宗阿弥文化とよばれます。能楽を大成した世阿弥、唐絵の名手とされる相阿弥ら阿弥号をつけた芸能者、文人が輩出して、室町時代の文化に大きな足跡をのこしたのです。室町末期になると、時宗は真宗、浄土宗などのめざましい発展に圧倒されて、にわかに衰えました。

臨済禅と栄西　鎌倉初期に、中国（宋）から臨済禅と曹洞禅が伝えられ、禅宗は鎌倉仏教の代表的な流れのひとつとなりました。

禅は定ともいい、インドに古くからある精神修行の方法で、仏教にとり入れられました。仏教では、戒（道徳の基準）、慧（真理の認識）とともに、宗教体験としての定を挙げて、戒定慧の三学（三つの基本要素）としています。禅は、仏教の各流派で重んじられ、天台宗の止観、浄土教の観仏、真言密教の阿字観などの行となりました。六世紀に、禅はインドから中国に伝えられました。中国では、禅を仏教の根本思想の空を直観的にとらえる教えとし、独自の宗派として禅宗が生まれました。九〇七年、唐が滅び、仏教は衰えましたが、九六〇年、宋が中国を統一すると、仏教は復興にむかい、とくに禅宗がめざましく発展しました。一二世紀はじめには、禅宗の流派として、臨済宗と曹洞宗が成立し、禅宗は宋の仏教を代表する流れとなりました。

日本には、仏教伝来後ほどなく禅が伝えられましたが、中国の禅宗が本格的に移植されたのは、平安末、鎌倉初期の宋との交流にはじまります。

鎌倉幕府が開かれる前年の一一九一（建久二）年、栄西（一一四一―一二一五）が臨済宗を開宗しました。栄西は、岡山にちかい吉備津神社に仕える家の出で、比叡山にのぼって僧となりました。栄西は、天台教学と密教を学び、天台山に渡ろうとこころざしました。中国との交流は、九世紀末に遣唐使が廃止されて以後、しだいに衰えましたが、日本の仏教者の間では、中国仏教へのあこがれが生きつづけていました。中国に行き、さらにインド（天竺）におもむいて仏教の真髄をとらえようとする入唐渡天の志をもつ僧は絶えず、教学上の疑問の決着を中国仏教にもとめる唐決の伝統も生きていました。平安末期には、宋との交流がしだいに活発となり、ふるい仏教の衰えと浄土教に代表される新しい仏教運動の発展とともに、中国仏教への関心がふたたび高まってきたのです。

栄西は、一一六八（仁安三）年、中国に渡り、天台山を訪れました。天台山は禅の寺院に変わっており、栄西は禅に心をひかれましたが、同じ時期に中国に留学していた浄土宗の重源（一一二一—一二〇六）の勧めで、短期間で帰国し、たずさえてきた宋の天台教学書を天台座主に献じました。一一八七（文治三）年、栄西はふたたび中国に渡り、足かけ五年、中国に滞在して、天台山と天童山で臨済禅を修めました。栄西は、さらにインドにおもむき、仏跡を巡拝する計画を立てましたが、政治情勢が悪化したため断念しました。

帰国した栄西は、博多に聖福寺をひらいたのち、京都に上って新しい中国禅をひろめ、禅こそ末法の教えであるとして、禅による天台宗の復興を唱えました。比叡山は、栄西を異端として迫害を加え、朝廷は禅宗を禁止しました。栄西は『興禅護国論』をあらわし、禅によって天台宗をさかんにし、新しい鎮護国家の仏教をうちたてることを主張しました。

迫害にさらされた栄西は、一一九九（正治元）年、幕府に招かれて鎌倉に下りました。臨済禅は、公卿の文化に対抗意識を燃やす武士層から新しい教えとして迎えられ、幕府の保護を受けました。栄西は、尼将軍とよばれる北条政子の発願で、鎌倉に寿福寺をひらきました。幕府の支援を得た栄西は、京都にもどり、将軍源頼家のもとめで建仁寺を創建しました。建仁寺は、延暦寺に属し、天台、密教、禅の三宗を兼学する道場で、栄西の仏教刷新運動の拠点となりました。

栄西は、天台僧としてその生涯を送り、密教僧としても高名でした。宋で最新の中国の学術文化を身につけた栄西は、中国で学んだ建築技術と経験を生かして重源をたすけて東大寺の再建に尽くしました。晩年には、将軍源実朝に良薬として茶を勧め、『喫茶養生記』を献じました。臨済禅は、看話禅とよばれ、師から出された公案（問題）を解くことで、真理を体得しようとする禅でしたから、栄西は、多くの弟子を育て、鎌倉と京都に臨済宗の拠点をつくりました。栄西の没後も、臨済宗は幕府の手あつい保護を受けて栄え、武士層の世界観、人生観に大きな影響をあたえました。

幕府の執権となった北条氏も、日宋交流の一環として、大陸の禅を積極的に招きいれました。鎌倉に建長寺を建てた蘭渓道隆（一二一三―七八）をはじめ、円覚寺をひらいた無学祖元（一二二五―八六）、中国の学芸を伝えた一山一寧（一二四七―一三一七）らすぐれた中国の禅僧の来日によって、日本の禅文化は大きく発展しました。室町時代には、京都五山、鎌倉五山などの臨済宗の有力寺院を中心に、五山文化が栄えました。

曹洞禅と道元　栄西が臨済禅を伝えたのにつづいて、道元（一二〇〇—五三）が宋から曹洞禅をもたらしました。曹洞禅は黙照禅とよばれ、公案中心の臨済禅にたいして、ひたすら坐禅をすることによって内面の自由な境地を体得しようとする禅です。

道元は、内太臣久我通親の子で、はやく両親をうしなって無常を感じ、一三歳で出家しました。比叡山で天台教学を学んだ道元は、仏教をきわめるために宋へおもむくことを勧められ、建仁寺で禅を修めました。栄西没後八年の一二二三（貞応二）年、道元は建仁寺で師事した明全に従って宋に渡り、禅を学ぶこと五年で、最後に天童山で曹洞禅の法統を受けついで帰国しました。

一二二七（安貞元）年、帰国して曹洞禅を伝えた道元は、建仁寺に入って正しい坐禅を説き、『普勧坐禅儀』をあらわしました。道元は、禅こそ釈迦から伝えられた正しい法であると説いたため、比叡山から迫害され、建仁寺を去って宇治に隠棲しました。一二三四（文暦元）年、道元は宇治に興聖宝林禅寺をひらき、坐禅の修行をもとめる人びとを集め、禅林の清規（規則）をさだめました。

道元は、唐の時代のきびしい禅を理想として目ざしたことから、古仏道元とよばれました。道元は、理論にとらわれず、ひたすら坐禅をして悟りに到る道を説き、不立文字、只管打坐を唱えました。こうして、念仏も加持祈禱も否定し、仏教の現状を正面から批判する道元の正法禅の運動は一〇年に及び、比叡山の攻撃が年とともに激しくなりました。

一二四三（寛元元）年、道元は弟子で越前国の豪族の波多野義重から寄進を受けて、越前国志比庄に大仏寺をひらいて隠棲しました。のち道元は、大仏寺を永平寺と改め、日本曹洞第一道場としました。「永平」の寺号は、中国に仏教が伝来した当時の中国（後漢）の元号でした。深い木立ちにかこまれた永平寺では、僧堂の生活のすべてを行とし、きびしい清規がつくられました。やがて道元は、臨済禅をも批判し、禅宗もふくめて宗派の存在そのものを否定しました。新しい国家仏教をめざして臨済宗をひらいた栄西にたいして、道元は普遍的な思想としての仏教を求めつづけたのです。永平寺での道元は、弟子を教えるかたわら、自己の仏教哲学を体系化した『正法眼蔵』を書きつづけました。この書名は、禅のことばで、真理を見とおす知恵の眼（正法眼）によって悟られた秘蔵の法（蔵）を意味し、禅のさとりのことです。

道元はきびしく純粋な坐禅の実践に徹し、世の中との交渉を避けつづけました。執権北条時頼に請われて鎌倉で教えを説いたとも伝えられますが、晩年まで、道元は、ほとんど永平寺を離れませんでした。永平寺に入って一〇年たらずで病いを発した道元は、永平寺を高弟の孤雲懐奘にゆずり、京都で療養生活に入りましたが、ほどなく五四歳で没しました。

孤高の仏教思想家として終始し、宗派仏教を否定した道元には、もとより一宗をひらく意志はありませんでした。しかし、永平寺に結集した道元の弟子たちは、その没後、教団化を進めて曹洞宗を拡大していきました。鎌倉末期には、瑩山紹瑾（一二六八―一三二五）が出て、越前、加賀、能登の諸国を基盤に曹洞宗を確立しました。永平寺の地は、もともと白山天台とよばれる天台宗の地盤で、白山信仰や白山権現の本地とされる観音の信仰がさかんでした。瑩山は、白山、観音、熊野、山王などの信仰を積極的にとりいれて、曹洞宗と密教とを結びつけ、民衆に布教しました。瑩山は、能登国に総持寺をひらき、やがて総持寺は、曹洞宗の出世道場として、永平寺と並ぶ勢力となりました。南北朝・室町時代には、曹洞宗は下級武士層と農民の間に進出するとともに、密教化がさらに著しくなり、現世利益信仰がさかんになりました。こうして曹洞宗は、関東、東北にも及び、ひろく農民の間に根をおろしました。上層の人びとと結ぶ臨済宗と、民衆化した曹洞宗を対比して、「臨済将軍、曹洞土民」ということばも生まれました。

法華経の行者・日蓮　鎌倉中期の一二五三（建長五）年、天台宗の復興をめざして、日蓮（一二二二―八二）が日蓮宗（法華宗）をひらきました。日蓮は安房国の九十九里浜の南の東条郷で生まれました。父母の名も出生の月日も伝わっていませんが、のちに日蓮が、みずから「せんだらが子」と記していることから、寺院の隷属民の出身であろうといわれています。「せんだら」とは、インドのカースト制度で、最下位の奴隷階級よりさらに下の賤民階級チャンダーラのことです。

日蓮は、一二歳で地もとの天台宗清澄寺に少童として入り、一六歳で僧となって蓮長と名のりました。日蓮は、日本一の智者になりたいと願い、鎌倉で学び、さらに京都に出て比叡山にのぼりました。こののち一〇年ほどの間、日蓮は、京都と奈良の寺院をめぐり、天台をはじめ、密教、浄土教、禅を研究しました。比叡山では、本覚思想とよばれる信仰中心の神秘的な傾向がさかんで、浄土教のとどまることを知らない発展に押され、新しい仏教運動にたいする弾圧をくりかえしていました。日蓮は、天台教学の中にひろがっていた浄土教との妥協に反発し、浄土教と対抗できる末法の救いとしての新しい法華信仰をうちたて、天台宗の勢力をふたたびさかんにしようと決意しました。

三二歳で帰郷した日蓮は、清澄山の旭の森で、昇る太陽に向かい、「南無妙法蓮華経」と一〇遍唱えて、立教開宗を宣言したと伝えられます。「南無妙法蓮華経」とは法華経に帰依するという意味で、経典の表題を唱えることから題目といいます。当時、東条郷では念仏信者の地頭東条氏と清澄寺の間で争いがつづいており、寺内にも、念仏を受けいれて地頭と結ぶ多数派と、地頭とたたかって寺領を確保しようとする少数派が対立していました。念仏排撃を唱えた日蓮は、地頭側の攻撃にさらされて鎌倉に逃れました。

日蓮は、鎌倉の名越に庵を結び、弟子もできました。鎌倉では、大火、洪水、地震などの災害があいつぎ、疫病も流行しました。一二五九（正元元）年には、諸国にききんがひろがり、餓死する人が続出しました。日蓮は、これらの災厄は末法の到来を示すものであり、幕府も民衆も念仏を信じて正法である法華経を捨てて顧みないために、災厄がつぎつぎに起こっていると確信しました。日蓮は、鎌倉の町かどに立って、辻説法ではげしく世の中を批判し、法華経の信仰を説きました。さらに日蓮は、一二六〇（文応元）年、幕府を説いて法華経に基づく政治を実現しようとして、『立正安国論』を書き、執権北条時頼の側近にさしだしました。立正安国とは、正法を立てることによって国土に安穏がもたらされるという思想で、仏の正しい教えによってこの世の中を理想の仏国土に変えるという変革の主張でした。日蓮と弟子たちは、幕府に期待をかけ、公けの場での念仏との対決を望んでいましたが、日蓮の行動は念仏信者の怒りを買い、草庵は焼き打ちにあいました。

日蓮は一時、下総国に逃れ、また鎌倉にもどりましたが、民心の動揺を恐れる幕府の取り締まりにあって、伊豆国に二年余り流されました。許されて故郷にもどった日蓮は、またも鎌倉に現われました。一二六八（文永五）年、元の国書が到着して、幕府に衝撃をあたえました。元は、一二〇六年に建国したモンゴル人の国で、宋にかわって中国を支配し、日本への進攻を準備していたからです。日蓮は、かつて『立正安国論』で予言した末法の他国侵逼難（外国が攻めてくる災難）が的中したとして、ふたたび幕府に上書し、念仏、禅を退けて、国難の対策を知っているじぶんを国師として用いるようにうったえました。さらに日蓮は、鎌倉の諸寺に宗論をいどみ、「念仏無間、禅天魔、真言亡国、律国賊」の四箇格言を唱えました。

一二七一（文永八）年、幕府は上書を理由に日蓮と弟子たちを捕え、日蓮は佐渡に流されました。このおり、片瀬の竜ノ口でひそかに斬られようとした日蓮が、天の加護で難を免れたという竜ノ口法難の話は、のちにつくられた伝説です。

法華経本門の教え　日蓮は、佐渡で二年余のきびしい流人の生活を送りました。この間に日蓮は、じぶんが末法の世に法華経をひろめる上行菩薩であるとの自覚に達し、『開目鈔』などをあらわして、

吉川弘文館
新刊ご案内　2020年2月
〒113-0033・東京都文京区本郷7丁目2番8号　振替00100-5-244（表示価格は税別です）
電話03-3813-9151（代表）　FAX03-3812-3544　http://www.yoshikawa-k.co.jp/

ユネスコの世界文化遺産に登録された平泉の魅力に迫る

平泉の文化史 全3巻

『内容案内』送呈

菅野成寛監修

各二六〇〇円

B5判・本文平均一八〇頁

原色口絵八頁

奥州藤原氏歴代が築き上げた岩手県平泉は、固有の文化として世界文化遺産に登録された。中尊寺金色堂や柳之御所、無量光院等の調査成果を、歴史・考古・美術の諸分野をクロスオーバーして紹介。平泉文化圏の実像に迫る。

刊行開始！

❶平泉を掘る 寺院庭園・柳之御所・平泉遺跡群

及川　司編

遺跡から掘り出された、中世の平泉。奥州藤原氏歴代の居館・柳之御所遺跡、毛越寺に代表される平安時代寺院庭園群、平泉の仏教文化に先行する国見山廃寺跡などの発掘調査成果から、中世平泉の社会を明らかにする。本文一九二頁（第1回配本）

【続刊】

❷平泉の仏教史 歴史・仏教・建築　菅野成寛編（6月発売予定）

❸中尊寺の仏教美術 彫刻・絵画・工芸　浅井和春・長岡龍作編（9月発売予定）

モノのはじまりを知る事典 生活用品と暮らしの歴史

木村茂光・安田常雄・白川部達夫・宮瀧交二著

四六判・二七二頁／二六〇〇円

私たちの生活に身近なモノの誕生と変化、名前の由来、発明者などを通史的に解説。人がモノをつくり、モノもまた人の生活と社会を変えてきた歴史がわかる。理解を助ける豊富な図版や索引を収め、調べ学習にも最適。〈2刷〉

宗教者…。さまざまな生涯を時代と共に描く大伝記シリーズ

通巻300冊達成！

四六判・カバー装
平均300頁
系図・年譜・参考文献付

日本歴史学会編集

第11回(昭和38年)菊池寛賞受賞

阿倍仲麻呂

森　公章著

(通巻298)　二五六頁／二二〇〇円

奈良時代の遣唐留学生。官人として玄宗皇帝に仕え、李白・王維ら文人とも交流。帰国の船が漂流して再び唐に戻り、異国の地で帰らぬ人となる。特異な境遇を冷静に見つめ、日唐関係史のなかに位置づけた確かな伝記。

経覚

酒井紀美著

(通巻299)　三二八頁／二三〇〇円

室町中期の僧侶。興福寺の大乗院門跡として大和国支配に力を注ぐが、将軍足利義教と対立。国内武士の争いにも積極的に参加し、二度の没落を経験する。応仁の乱も記録した日記『経覚私要鈔』から、波瀾の生涯を描く。

徳川家康

藤井譲治著

(通巻300)　四五六頁／二四〇〇円

江戸幕府を開いた初代将軍。人質時代から三河平定、信長との同盟、甲斐武田氏との攻防、秀吉への臣従、関ヶ原の戦いと将軍宣下、大御所時代まで、七五年の生涯を正確に描く。神君として顕彰され、さまざまな逸話が事実のごとく創出されるなど、バイアスのかかった家康像から脱却。一次史料から浮かび上がる等身大の姿に迫る。巻末に、全行動が辿れる「家康の居所・移動表」を付載。

日本の歴史を彩る人びと。政治家・武将・文化人・

人物叢書

ルイス・フロイス

五野井隆史著

（通巻301）三三六頁／二三〇〇円

戦国末期に、ザビエルの衣鉢をつぎ来日したイエズス会宣教師。畿内・九州各地でキリスト教を宣教。日本人の文化・習俗に精通し、『日本史』『日欧文化比較』を執筆。当時の社会を知る上で貴重な記録を残した生涯を描く。

二条良基

小川剛生著

（通巻302）三五二頁／二四〇〇円

南北朝期の関白。北朝の首班として多くの危機に奮闘、室町将軍と提携して公武関係の新局面を拓く。連歌集『菟玖波集』を編み、能楽を庇護して、室町文化の祖型を作る。毀誉褒貶を集める内面と、活力溢れる生涯を描く。

徳川秀忠

山本博文著

（通巻303）三〇四頁／二三〇〇円

父・家康と息子・家光の間に挟まれ、あまり目立つことのなかった第二代将軍。武功はないものの、年寄による合議制や大名統制など、幕府の支配を磐石にした。秀忠独自の政策や政治手腕を分析し、その人物像に迫る。

【別冊】人とことば

日本歴史学会編

二六〇頁／二一〇〇円

天皇・僧侶・公家・武家・政治家・思想家など、日本史上の一一七名の「ことば」を取り上げ、言葉が発せられた背景を読み解きつつ、その意義を生涯と合わせ簡潔に叙述する。人物像の見直しを迫る「ことば」も収録。出典・参考文献付。

日本の古墳はなぜ巨大なのか

古代モニュメントの比較考古学

国立歴史民俗博物館・松木武彦・福永伸哉・佐々木憲一 編

古代日本に造られた膨大な古墳。その傑出した大きさや特異な形は社会のしくみをいかに反映するのか。世界のモニュメントと比較し、謎に迫る。古代の建造物が現代まで持ち続ける意味を問い、過去から未来へと伝える試み。

A5判・二七二頁・原色口絵八頁／三八〇〇円

卑弥呼と女性首長（新装版）

清家 章著

邪馬台国の女王卑弥呼と後継の台与。なぜこの時期に女王が集中したのか。考古学・女性史・文献史・人類学を駆使し、弥生～古墳時代の女性の役割と地位を解明。卑弥呼が擁立された背景と要因に迫った名著を新装復刊。

四六判・二五六頁／二二〇〇円

「王」と呼ばれた皇族

古代・中世皇統の末流

日本史史料研究会監修・赤坂恒明著

日本の皇族の一員でありながら、これまで十分に知られることのなかった「王」。興世王、以仁王、忠成王など有名・無名のさまざまな「王」たちを、逸話も交えて紹介。皇族の周縁部から皇室制度史の全体像に初めて迫る。

〈2刷〉四六判・二八六頁／二八〇〇円

鎌倉時代論

五味文彦著

四六判・四四八頁
三二〇〇円

鎌倉時代とは何だったのか。中世史研究を牽引してきた著者が、京と鎌倉、二つの王権から見た鎌倉時代の通史を平易に叙述。さらに、著者の貴重な初期の論文など六編も収める。『吾妻鏡の方法』に続く、待望の姉妹編。

藤原俊成 中世和歌の先導者

久保田 淳著

新古今時代の代表的歌人。多くの歌合の判者を務め、後白河法皇の信頼を受け千載(せんざい)和歌集を撰進する。古来風躰抄(こらいふうていしょう)を執筆、後継者定家を育て、歌の家冷泉(れいぜい)家の基礎を築く。歴史の転換期を生き抜いた九十一年の生涯を辿る。

四六判・五一二頁／三八〇〇円

高山寺の美術 明恵上人と鳥獣戯画ゆかりの寺

高山寺監修 土屋貴裕編

稀代の僧・明恵により再興された世界文化遺産・高山寺。膨大かつ貴重な文化財を今に伝える寺宝の中でも、選りすぐりの美術作品に着目し、魅力を平易に紹介。個性豊かな作品から、多面的で斬新な信仰世界に迫る。

A5判・二〇八頁・原色口絵八頁／二五〇〇円

東海の名城を歩く

岐阜編

中井 均・内堀信雄編

岐阜県から精選した名城六〇を、西濃・本巣郡、中濃・岐阜、東濃・加茂、飛騨に分け、豊富な図版を交えて紹介。三一六頁・原色口絵四頁

愛知・三重編

中井 均・鈴木正貴・竹田憲治編

愛知・三重の各県から精選した名城七一を、尾張・三河・三重に分け、豊富な図版を交えて平易に紹介する。三一六頁・原色口絵四頁

城郭ファン必備！

〈続刊〉**静岡編** 中井 均・加藤理文編 2020年春刊行予定

『内容案内』送呈

A5判／各二五〇〇円

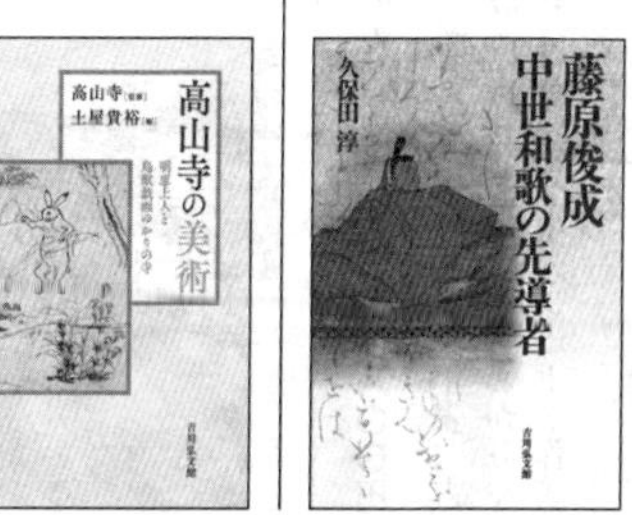

城割の作法 ―一国一城への道程

福田千鶴著

戦国時代、降参の作法だった城割は、天下統一の過程で大きく変容する。信長から家康に至る破城政策、福島正則の改易や島原・天草一揆を経て、「一国一城令」となるまでの城割の実態に迫り、城郭研究に一石を投じる。

四六判・二八八頁／三〇〇〇円

戦国大名北条氏の歴史 小田原開府五百年のあゆみ〈2刷〉

小田原城総合管理事務所編・小和田哲男監修

十五世紀末、伊勢宗瑞（早雲）が小田原に進出。氏綱が北条を名乗ると、小田原を本拠に屈指の戦国大名に成長した。氏康～氏直期の周辺国との抗争・同盟、近世小田原藩の発展にいたる歴史を、図版やコラムを交え描く。

A5判・二四八頁・原色口絵四頁／一九〇〇円

映し出されたアイヌ文化 英国人医師マンローの伝えた映像

国立歴史民俗博物館監修・内田順子編

明治期に来日した英国人医師マンローは、医療の傍ら北海道でアイヌ文化を研究し、記録した。伝統的な儀式「イヨマンテ」、道具や衣服、祈りなどの習俗を映画・写真資料で紹介。アイヌの精神を伝える貴重なコレクション。

A5判・一六〇頁／一九〇〇円

日本史を学ぶための図書館活用術 辞典・史料・データベース

浜田久美子著

日本史を初めて学ぶ人に向けて、図書館にある辞典や年表、古代・中世史料の注釈書などの特徴と便利な活用方法をわかりやすく解説。データベース活用法も交えた、学生のレポート作成をはじめ幅広く役立つガイドブック。

四六判・一九八頁／一八〇〇円

歴史文化ライブラリー

●19年11月〜20年2月発売の7冊

四六判・平均二二〇頁　全冊書下ろし

人類誕生から現代まで／忘れられた歴史の発掘／常識への挑戦／学問の成果を誰にもわかりやすく／ハンディな造本と読みやすい活字／個性あふれる装幀

490 明智光秀の生涯〈3刷〉

諏訪勝則著

本能寺の変の首謀者。前半生は不明だが、足利義昭や織田信長に臣従して頭角をあらわす。連歌や茶道にも長け、織田家中随一の重臣に上り詰めながら、なぜ主君を襲撃したのか。謀反の真相に新見解を示し、人間像に迫る。

二五六頁／一八〇〇円

491 神仏と中世人 宗教をめぐるホンネとタテマエ

衣川　仁著

中世人は富や健康、呪咀などの願望成就を求め、寺社は期待に応えて祈りを提供した。人々は神仏にいかに依存し、どう利用したか。期待と実際とのズレから民衆の内面に迫り、現代の「無宗教」を考える手掛りを提示する。

二二四頁／一七〇〇円

492 戦国大名毛利家の英才教育 元就・隆元・輝元と妻たち

五條小枝子著

戦国大名毛利家に関する膨大な文書から、元就・隆元・輝元の妻たちに光を当てる。夫婦関係や子どもへの細やかな愛情表現を明らかにし、家臣への心配りや婚家との架け橋など、書状から見えてくる毛利家の家族観に迫る。

二四〇頁／一七〇〇円

493 大地の古代史 土地の生命力を信じた人びと

三谷芳幸著

古代の人びとは、大地とどのように関わっていたのか。地方と都の人たちの大地をめぐる豊かな営みや、土地へのユニークな信仰を追究。「未開」と「文明」の葛藤をたどり、日本人の宗教的心性のひとつの根源を探り出す。

二二〇頁／一七〇〇円

494 鎌倉浄土教の先駆者 法然

中井真孝著

ひたすら念仏を唱えれば往生できると、庶民救済の道を開いた法然。近年発見された法語集や著作『選択本願念仏集』から生涯を辿り、思想と教えの特徴を読み解く。鎌倉時代の仏教に多大な影響を与えた等身大の姿に迫る。

二二四頁／一七〇〇円

495 敗者たちの中世争乱 年号から読み解く

関　幸彦著

武士が台頭しその力が確立するなか、多くの政変や合戦が起きた。鎌倉幕府成立時の「治承・寿永の内乱」から戦国時代の幕開け「享徳の乱」まで、年号を介した十五の事件を年代記風に辿り、敗れた者への視点から描く。

二五六頁／一八〇〇円

496 松岡洋右と日米開戦 大衆政治家の功と罪

服部　聡著

日米開戦の原因をつくった外交官として、厳しく評価されている松岡洋右。しかし、現実の彼は日米戦争回避を図って行動していた。その狙いはなぜ破綻してしまったのか。複雑な内外の政治状況を繙き、人物像を再評価。

二四〇頁／一七〇〇円

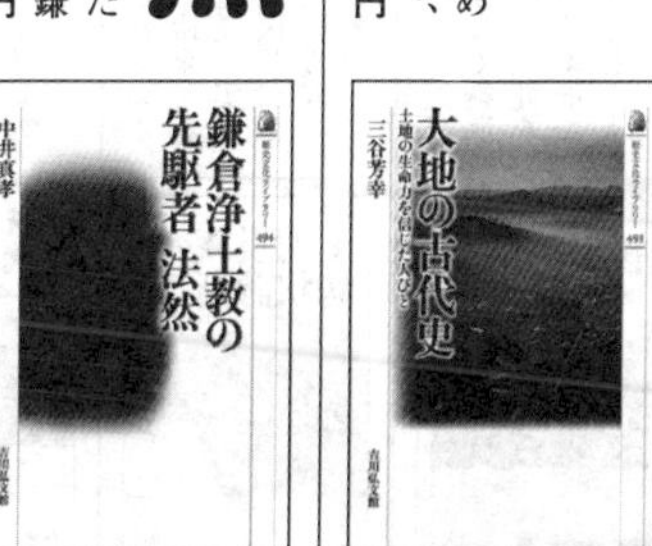

継体天皇と即位の謎〈新装版〉

大橋信弥著

四六判・二三二頁／二四〇〇円

継体天皇は応神天皇五世孫なのか、王統とはつながらない地方豪族だったのか。出自をめぐる問題、擁立勢力と即位の事情などを、今城塚古墳の発掘成果や息長氏との関わりを交え解明。謎に包まれた実像を探った名著を復刊。

中国古代の神がみ〈新装版〉

林　巳奈夫著

四六判・二八〇頁／三二〇〇円

中国古代、豊作の源として太陽が最も崇敬された。天の四方神、青い龍・赤い鳥・白い虎は星座に起源する。北極星は「帝」即ち殷周青銅器の獣面紋として崇められた。豊富な図版を交え知られざる神がみの世界に迫った名著。

水洗トイレは古代にもあった〈新装版〉

―トイレ考古学入門―

黒崎　直著

A5判・二六八頁／一九〇〇円

古来、人々はどうウンチを処理していたのか。発掘成果と文献・絵画をもとに、縄文から戦国まで各時代のトイレ事情を解明。なおざりにされてきた日本の排泄の歴史を科学する「トイレの考古学」。注目作を新装復刊！

王朝貴族の病状診断〈新装版〉

服部敏良著

四六判・二七二頁／一九〇〇円

平安時代の文学・日記に記されている病気を詳細に解説。さらに、冷泉・花山・三条などの天皇、藤原道長・実資など多くの公卿の病状を現代医学にあてはめて的確に診断する。王朝貴族の実生活を解明した比類なき名著。

史伝　後鳥羽院〈新装版〉

目崎徳衛著

四六判・二七二頁／二六〇〇円

異例の幸運によって帝位につき、天衣無縫の活動をしながら、一転して絶海の孤島に生を閉じた後鳥羽院の生涯を描き出す。和歌の才能など多芸多能な側面にもふれ、その生き生きとした人間像に迫った名著を新装復刊。

戦国のコミュニケーション —情報と通信— 〈新装版〉

山田邦明著

四六判・二九六頁／二三〇〇円

「一刻も早く援軍を…」。戦国大名たちはいかにして遠隔地まで自らの意思や情報を伝えたのか。口上を託された使者、密書をしのばせた飛脚たちが、命をかけて戦乱の世を駆け抜ける。中世情報論を構築した名著を新装復刊。

中世のうわさ —情報伝達のしくみ— 〈新装版〉

酒井紀美著

四六判・二四八頁／二六〇〇円

新聞やテレビ、インターネットなどなかった中世社会、「うわさ」は重要な情報伝達手段だった。殺人事件や悪党蜂起、事実無根の流言…。広く飛び交った「うわさ」を丁寧に分析。新たな中世情報論に挑んだ意欲作を復刊。

暮らしの中の古文書 〈新装版〉

浅井潤子編

A5判・一九二頁／一九〇〇円

出生・学問・奉公・成人・結婚…。江戸時代後期に生きた人々が暮らしの中で綴った古文書を読み解き、その実際の姿と社会状況を描く。収載した古文書は写真とともに翻刻し、平易に解説。初めて古文書を学ぶ人に最適。

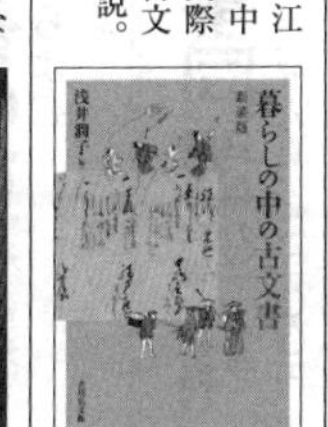

アイヌ語の世界 〈新装普及版〉

田村すゞ子著

A5判・二八八頁／三五〇〇円

日本の言語の一つとして広く知られながら、具体的な内容はよく知られていないアイヌ語。その文法・系統・口承文学をわかりやすく解説。金田一京助らアイヌ語研究者の思い出も収める。不朽の名著を装い新たに復刊。

戦争に隠された「震度7」 —1944東南海地震・1945三河地震— 〈新装版〉

木村玲欧著

A5判・二一六頁／二〇〇〇円

太平洋戦争末期、東海地方を襲った二つの巨大地震。戦時報道管制下、地元紙＝中部日本新聞は何をいかに伝え、役割を果たしたのか。被災者の体験談を紹介し、防災教育の促進と意識向上を呼びかける。注目作を新装復刊。

縄文時代の植物利用と家屋害虫 圧痕法のイノベーション

小畑弘己著　Ｂ５判・二七〇頁／八〇〇〇円

縄文土器作成時に混入されたタネやムシの痕跡を、X線を用いて検出する新たな研究手法を提唱。発見された資料をもとに植物栽培や害虫発生のプロセスを読み解き、縄文人の暮らしや植物・昆虫に対する意識を探り出す。

日本古代の交易と社会

宮川麻紀著　Ａ５判・二九六頁／九五〇〇円

律令国家は都城を支える流通経済の仕組みをいかにして作り上げたのか。東西市と地方の市に注目し、管理方針の違いを考察。また交易価格の検討から地方経済の実態を究明する。「実物貢納経済」の実像に迫った注目の書。

古代の漏刻と時刻制度 東アジアと日本

木下正史著　Ａ５判・四〇八頁／一一〇〇〇円

古代ではいかにして時を計っていたのか。『日本書紀』にみえる漏刻跡である飛鳥水落遺跡を検証し、日本・東アジアの漏刻・時刻制度を論究。飛鳥の歴史や宮都の解明に大きな意義を持つ、日本古代の時刻制度の基礎的研究。

室町・戦国期の土倉と酒屋

酒匂由紀子著　Ａ５判・二八〇頁／八五〇〇円

従来、京都「町衆」の代表的存在で、金融業を専らとする商人と位置づけられてきた土倉・酒屋。『蜷川家文書』『八瀬童子会文書』などを読み解き、新たな「土倉・酒屋」像を提起。室町・戦国期の京都の社会構造を再検討する。

中世仏教絵画の図像誌 経説絵巻・六道絵・九相図

山本聡美著　Ａ５判・四八八頁・原色口絵一六頁／八五〇〇円

中世日本では、漢訳仏典を淵源とする図像が世俗の文学や伝承とも結びついて多義的な意味と霊性を獲得した。地獄・鬼・病・六道輪廻・死体など、仏教的罪業観に基づく図像を取り上げ、各々の成立と受容の歴史に迫る。

中世やまと絵史論

髙岸　輝著　Ａ５判・四二八頁・原色口絵一六頁／一〇〇〇〇円

やまと絵は中世絵画の基盤であり、社会を映し出す鏡であった。絵巻・肖像画・仏画・障屏画など多岐にわたる作例を分析し、視覚による世界把握の変化を探るとともに、絵師や流派による表現の展開を追った注目の書。

戦国末期の足利将軍権力

水野　嶺著　Ａ５判・二八〇頁／九〇〇〇円

従来、看過されがちであった足利義輝・義昭ら戦国期の将軍や幕府。近年多くの論考が発表され深化した研究成果を整理し、義昭と信長の関係を再検討。足利将軍の視点から、戦国・織豊期における将軍権力の実態に迫る。

近代皇室の社会史 側室・育児・恋愛

森　暢平著

Ａ５判・三九〇頁／九〇〇〇円

伝統的な婚姻・子育てを残していた皇室が、なぜ「近代家族」化したのか。一夫一婦制、「御手許」養育、恋愛結婚などの実態を検討。大衆化する社会情勢、メディア報道と連関させ、時代に順応していく皇室に迫る新たな試み。

文化遺産と〈復元学〉 遺跡・建築・庭園復元の理論と実践

海野　聡編

Ａ５判・三四四頁／四八〇〇円

失われた歴史遺産を再生する復元はいかに行われるのか。古代から現代における国内外の遺跡や建物、庭園、美術品の復元を検討。文化財・文化遺産の保存・活用が求められるなか、復元の目的や実情、課題に迫る意欲作。

芦田均と日本外交 連盟外交から日米同盟へ

矢嶋　光著

Ａ５判・三三四頁／九〇〇〇円

戦後、吉田茂の軽武装論に対立し、再軍備論を唱えた芦田均。外交官時代の経験から得た国際政治観と敗戦までの変化など、政治的足跡から彼の再軍備論を内在的に分析。戦後日本の外交路線の形成と対立の諸相を考察する。

大学アーカイブズの成立と展開 公文書管理と国立大学

加藤　諭著

Ａ５判・四二四頁／一一五〇〇円

教育・研究機関として発展してきた大学には、運営などに関する多くの資料が存在し、日本の文書管理制度の一翼を担ってきた。各国立大学の事例を挙げて、日本における大学アーカイブズの真の意義や可能性を解明する。

豊臣秀吉文書集 第六巻 文禄二年〜文禄三年

名古屋市博物館編

Ａ５判・二七六頁／八〇〇〇円

朝鮮渡海を前に秀吉は、戦況の停滞を脱すべく在陣諸将を督励していた。明との和平交渉が進む一方、国内では秀頼誕生、大仏殿上棟、伏見城普請など、新たな展開を見せる。軍勢の一部帰国を命ずるまで、七二六点を収録。

永青文庫叢書 細川家文書 島原・天草一揆編

熊本大学永青文庫研究センター編

（第Ⅱ期第２回）

Ａ４判・三四〇頁・原色別刷図版一六頁／二三〇〇〇円

熊本藩は島原・天草一揆に最前線で対応した。蜂起の様子や、対する大名同士の連携、城攻めに向けた人員動員と物資調達、戦後処理、地域復興などがわかる細川家関連史料を、未公開のものも含めて収録した待望の史料集。

松尾大社史料集 記録篇四

松尾大社史料集編修委員会編

Ａ５判・七二二頁／二〇〇〇〇円

●近刊

※書名は仮題のものもあります。

卑弥呼の時代（読みなおす日本史）
吉田　晶著
四六判／二二〇〇円

テーマでよむ日本古代史 政治・外交編 社会・史料編
佐藤　信監修・新古代史の会編
A5判／価格は未定

清和天皇（人物叢書304）
神谷正昌著
四六判／二〇〇〇円

現代語訳 小右記 ⑩大臣闕員騒動
倉本一宏編
四六判／価格は未定

中世の富と権力 寄進する人びと（歴史文化ライブラリー497）
湯浅治久著
四六判／一七〇〇円

東国の中世石塔
磯部淳一著
B5判／価格は未定

肥前名護屋城の研究 中近世移行期の築城技法
宮武正登著
B5判／一二〇〇〇円

永青文庫にみる細川家の歴史
公益財団法人永青文庫編
四六判／価格は未定

鶴屋南北（人物叢書305）
古井戸秀夫著
四六判／価格は未定

石に刻まれた江戸時代 無縁・遊女・北前船（歴史文化ライブラリー498）
関根達人著
四六判／一八〇〇円

近世最上川水運と西廻航路 幕藩領における廻米輸送の研究
横山昭男著
A5判／価格は未定

首都改造 東京の再開発と都市政治（歴史文化ライブラリー500）
源川真希著
四六判／価格は未定

皇紀・万博・オリンピック 皇室ブランドと経済発展（読みなおす日本史）
古川隆久著
四六判／価格は未定

戦国史研究 第79号
戦国史研究会編
A5判／価格は未定

大好評のロングセラー発売中！

日本史年表・地図
児玉幸多編
B5判・一三八頁／一三〇〇円

世界史年表・地図
亀井高孝・三上次男・林　健太郎・堀米庸三編
B5判　二〇六頁　一四〇〇円

日本人は、何を、何のために、どのように食べてきたか？

日本の食文化 全6巻

小川直之・関沢まゆみ・藤井弘章・石垣　悟編

食材、調理法、食事の作法や歳事・儀礼など多彩な視点から、これまでの、そしてこれからの日本の〝食〟を考える。『内容案内』送呈

四六判・平均二五六頁／各二七〇〇円

1 食事と作法　小川直之編

人間関係や社会のあり方と密接に結びついた「食」を探る。

2 米と餅　関沢まゆみ編

腹を満たすかて飯とハレの日のご馳走。特別な力をもつ米の食に迫る。

3 麦・雑穀と芋　小川直之編

乾燥に発酵、保存の知恵が生んだ食。「日本の味」の成り立ちとは。

4 魚と肉　藤井弘章編

沿海と内陸での違い、滋養食や供物。魚食・肉食の千差万別を知る。

5 酒と調味料、保存食　石垣　悟編

乾燥に発酵、保存の知恵が生んだ食。「日本の味」の成り立ちとは。

6 菓子と果物　関沢まゆみ編

味覚を喜ばせる魅力的な嗜好品であった甘味の歴史と文化。

「令和」を迎え「平成」を網羅した十四年ぶりの増補新版！

日本史総合年表 第三版

加藤友康・瀬野精一郎・鳥海　靖・丸山雍成編　一八〇〇〇円

旧石器時代から令和改元二〇一九年五月一日に至るまで、政治・経済・社会・文化にわたる四万一〇〇〇項目を収録する。便利な日本史備要と詳細な索引を付した画期的編集。国史大辞典別巻

四六倍判・一二九二頁

定評ある日本史年表の決定版

事典 日本の年号

小倉慈司著　四六判・四五四頁／二六〇〇円

大化から令和まで、二四八の年号を確かな史料に基づき平易に紹介。年号ごとに在位した天皇、改元理由などを明記し、年号字の典拠やその訓みを解説する。地震史・環境史などの成果も取り込んだ画期的〈年号〉事典。

令和新修 歴代天皇・年号事典

米田雄介編　四六判・四六四頁／一九〇〇円

令和改元に伴い待望の増補新修。神武天皇から今上天皇までを網羅し、略歴・事跡、各天皇の在位中に制定された年号等を収める。皇室典範特例法による退位と即位を巻頭総論に加え、天皇・皇室の関連法令など付録も充実。

独自の教義を展開しました。

一二七四（文永一一）年、日蓮は五三歳で許されて鎌倉にもどり、ほどなく信者の波木井実長の領地、甲斐国身延山に退隠し、久遠寺をひらきました。身延山は、山岳信仰の霊場七面山につづくけわしい深山で、日蓮は、この地を釈迦が法華経を説いたとされるインドの霊鷲山（霊山）になぞらえました。身延山に退いた日蓮のもとには、天台宗の下級僧の出身者など数十人の弟子が集まり、武士、地主、農民、職人の帰依者もふえました。日蓮は、勤行、著作と弟子の教育で日を送りましたが、武士層、地主層の間で高まってきた反幕府の動きを受けとめて、源頼朝、北条義時を日本国初以来の逆賊二六人のうちに数えるなど、幕府にたいする批判の姿勢をつよめました。

日蓮の教義は、法華経を唯一の正法であり、時間、空間を超えた絶対の真理であるとし、他の宗教をすべて邪宗邪義として否定します。題目は真理そのものであり、そのまま全宇宙をあらわす曼陀羅であるとされます。日蓮は、題目を中央に、周囲に諸仏、諸菩薩と日本の護法の善神を代表する天照大神、八幡大菩薩の名などを記した曼陀羅を書き、本尊としました。日蓮は、教（教え）、機（素質能力）、時、国、序（仏教が広がる順序）という五つの基準を立てて、いずれの基準からみても法華経が最高であるとする五綱の教判をつくりました。「教」では、法華経を迹門（前半の一四章）と本門（後半の一四章）にわけ、本門の法華経こそ末法のすべての人間を救う法華経であるとしました。「機」では、末法に生きる人間の低下した素質能力にふさわしい教えは法華経であるとし、「時」では末法の時代には法華経が第一であるとしました。「国」では、大乗仏教がひろまるのにふさわしい日本国こそ、末法に法華経本門の題目が流布する国土としました。「序」では法華経本門が最後にひろまる教えとされています。

日蓮は、天台教学を迹門の法華経、「理の一念三千」とよんで、思弁的哲学的であると批判し、実践的宗教的な「事の一念三千」を説きました。日蓮は、法華経のみが絶対の真理であり、法（真理）をよりどころとし、人間をよりどころとしてはならないと教えました。日蓮は、仏法と王法（政治）が、本体とその影のように、ぴったり一致する王仏冥合を理想とし、体が曲がれば影が曲がるように、正しい法にもとづかなければ、正しい政治は行なわれないと説きました。こういう仏法を絶対とする考えから、日蓮は、天皇を王法（政治）の主体として位置づけ、天皇であっても仏法に背けば仏罰をこうむるとし、宗教上での天皇の権威をいっさい認めませんでした。日蓮が身延山に入ってのちに起こった二度の元寇を、日蓮は仏罰と受けとめ、日本を正法の国に変えるきっかけとなることを期待していました。日蓮を「国聖」とよんで、熱烈に天皇を崇拝し、元寇にあたって敵国降伏を祈った愛国者とする日蓮像は、のちにつくられたイメージなのです。

日蓮の五綱の教判は、時（末法の時代である現在）と国（日本国）を、信仰の重要な契機としてとらえていました。この姿勢から、日蓮系の各宗派では、日本仏教の他の宗派にはあまりみられない社会、政治の問題への積極的な実践性、行動性が導かれました。晩年の日蓮は、本門の本尊、本門の題目、本門の戒壇の三大秘法（三秘）を説き、法華経が広宣流布した暁に、天皇と将軍の命令で本門の戒壇が建立されると予言しました。日蓮は六〇歳をこえて、病いを治すために身延山を下り、常陸国に湯治に向かいましたが、途中、武蔵国の信者で池上郷の地頭の池上宗仲の家で波瀾にみちた生涯を終わりました。

日蓮の没後、六老僧とよばれる六人の高弟が、交代で久遠寺を守ることになりました。しかし高弟たちには、それぞれ各地に拠点があり、有力な外護者がいたため、地もとを基盤とする日興（一二四六―一三三三）が身延山に入り、つづいて上総国にいた日向が学頭として入山しました。日興の外護者であった波木井実長は、日興のきびしい専持法華、神祇不拝の教えに反発し、鎌倉の日昭、日朗や学頭の日向と結びました。この対立から、日蓮没後わずか九年で、日興は身延山を去り、富士の地に北山本門寺と大石寺をひらきました。これが富士派（日興門流、のち日蓮正宗など）のはじまりです。

日蓮宗の進出は、日蓮の晩年に起こった熱原の法難のような天台宗寺院との衝突をひき起こし、弾圧を招きました。日興をのぞく高弟たちの多くは、天台沙門を名のり天台宗とつながることで、それぞれの門流を拡大していきました。こうして下総国の中山法華経寺、武蔵国の池上本門寺などの有力な寺院がひらかれ、布教は東海、関東から、鎌倉末期には京都におよびました。

旧仏教の改革　鎌倉時代に、浄土教をはじめ禅、日蓮の新しい仏教があいついで成立し進出すると、これに対抗して奈良、平安時代以来の旧仏教側からは、改革の動きが現われました。奈良仏教の南都六宗では、教団化が進み、独立の宗派としての性格を強めるとともに、密教の影響がいちじるしくなりました。

華厳宗の東大寺では、平氏の軍勢の南都焼き打ちで大仏の首が焼け落ちましたが、将軍源頼朝の援助を受けた重源らの努力で復興を果たしました。律宗では、宋に渡って律を学んだ俊芿（一一六六—一二二七）が、京都の泉涌寺を拠点に、律をさかんにし、唐招提寺、西大寺を中心とする奈良の律（南京律）にたいして北京律とよばれました。西大寺を復興した叡尊（一二〇一—九〇）は、戒律によって下積みの民衆を救うことにつとめ、受戒者は六万余に及んだと伝えられます。叡尊の流れは、のち江戸時代初期に、真言宗の教義をとりいれて真言律宗をつくりました。

平安の国家仏教として栄え、鎌倉仏教各宗の母胎となった天台宗は、新仏教、とくに浄土教の進出によって地歩をおびやかされました。天台教学では、人間の思考や判断をこえた絶対的で一元の世界を説く神秘的な本覚思想が主流となりました。本覚思想は、江戸時代中期まで栄え、中古天台とよばれます。比叡山の僧兵は、新仏教への弾圧をくりかえし、興福寺の僧兵が平安末期に平氏を敵としたため没落したのちも、南北朝時代まで勢力を保ちつづけました。室町時代の一四八五（文明一七）年には、比叡山から出た真盛（一四四三—九五）が、戒と浄土を中心とする天台真盛宗をひらき、近江国坂本の西教寺を再興しました。

真言宗は、平安末期まで高野山と京都の教王護国寺、醍醐寺などの各本山を中心に栄えましたが、鎌倉時代には、念仏の流行に対抗して、民衆に高野山浄土の来世信仰をひろめ、光明真言陀羅尼や宝篋印陀羅尼による死後の救済のための修法を普及しました。真言宗の民衆化とともに、墓として宝篋印陀羅尼をおさめた宝篋印塔を建てる風習がひろがりました。

高野山では、平安末期に覚鑁（一〇九五―一一四三）が出て、山内に大伝法院をつくり、民衆への布教につとめましたが、金剛峯寺と対立して、紀伊国の根来にうつりました。鎌倉中期に、高野山で学僧として聞こえた頼瑜（一二二六―一三〇四）は、大伝法院をさかんにしました。金剛峯寺側は、大伝法院に圧迫をくわえたため、一二八六（弘安九）年、頼瑜は大伝法院を根来に移し、高野山からわかれて新義真言宗をひらきました。

新義真言宗の教義は、それまでの古義の真言宗とあまり大きな違いはなく、その開宗は、高野山内の二大勢力の争いがもたらした分裂の結果といえます。新義真言宗の本拠となった根来寺は、中世末まで、三万といわれる僧兵を擁して栄えましたが、豊臣秀吉によって滅ぼされました。根来寺の能化（長老）であった玄宥は、京都に大伝法院内の智積院を再興しました。この流れが真言宗智山派です。また玄宥とならぶ能化であった専誉は、大和国の長谷寺を再興して、新義真言宗の本山としました。この流れは、長谷寺の寺号が豊山神楽院であることから真言宗豊山派といいます。江戸時代以降、智山派と豊山派は新義真言宗を二分する勢力となりました。

鎌倉時代には、真言宗の流れから、性崇拝を中心とする左道密教の立川流真言も現われました。

この派は、武蔵国立川の陰陽師の集団によってつくられ、南北朝時代まで栄えましたが、真言宗から邪義としてきびしく批判され、くりかえし弾圧されたため、室町時代にはほとんど姿を消しました。

2　南北朝・室町時代の宗教

伊勢神道と三種の神器　一三三三（元弘三）年、南朝の後醍醐天皇がひきいる王朝勢力は、鎌倉幕府を滅ぼし、翌年、建武の中興とよばれる天皇の親政がはじまりました。建武の新政は、古代王朝勢力の復活をめざしていましたが、わずか三年たらずで、足利尊氏の北朝方にたおされ、後醍醐天皇は吉野に逃れました。一三三八（延元三・暦応元）年、足利尊氏が将軍となり、室町幕府をひらきましたが、こののち京都の北朝と、吉野に朝廷を置く南朝との争いが、一四世紀末までつづきました。

元寇の国難によって高まった日本国という国家意識は、これにつづく建武の中興と南北朝の対立で、天皇の政治上、軍事上の力が復活し強まるとともに、天皇を中心とする日本を神の国とする神国思想へと展開しました。こういう政治の激動を背景として、鎌倉末期から南北朝時代にかけて、伊勢神宮外宮の神職の度会氏によって、伊勢神道（度会神道）が体系化されました。伊勢神道は、平安後期から発達し普及した仏教中心の本地垂迹の神仏習合神道とは異なり、神道を主体として仏教、儒教、道教をとりいれた、最初の神道中心の神道説でした。

郵便はがき

1 1 3-8 7 9 0

料金受取人払郵便

本郷局承認

3864

差出有効期間
2022年7月
31日まで

東京都文京区本郷7丁目2番8号

吉川弘文館 行

愛読者カード

本書をお買い上げいただきまして、まことにありがとうございました。このハガキを、小社へのご意見またはご注文にご利用下さい。

お買上**書名**

＊本書に関するご感想、ご批判をお聞かせ下さい。

＊出版を希望するテーマ・執筆者名をお聞かせ下さい。

お買上 書店名	区市町	書店

◆新刊情報はホームページで　http://www.yoshikawa-k.co.jp/

◆ご注文、ご意見については　E-mail:sales@yoshikawa-k.co.jp

ふりがな ご氏名	年齢　　歳　男・女
〒□□□-□□□□	電話
ご住所	
ご職業	所属学会等
ご購読 新聞名	ご購読 雑誌名

今後、吉川弘文館の「新刊案内」等をお送りいたします(年に数回を予定)。
ご承諾いただける方は右の□の中に✓をご記入ください。　□

注文書

月　　日

書名	定価	部数
	円	部
	円	部
	円	部
	円	部
	円	部

配本は、○印を付けた方法にして下さい。

イ. 下記書店へ配本して下さい。
(直接書店にお渡し下さい)

(書店・取次帖合印)

書店様へ=書店帖合印を捺印下さい。

ロ. 直接送本して下さい。

代金(書籍代+送料・代引手数料)は、お届けの際に現品と引換えにお支払下さい。送料・代引手数料は、1回のお届けごとに500円です(いずれも税込)。

＊お急ぎのご注文には電話、FAXをご利用ください。
電話 03−3813−9151(代)
FAX 03−3812−3544

（ご注意）

・この用紙は、機械で処理しますので、金額を記入する際は、枠内にはっきりと記入してください。また、本票を汚したり、折り曲げたりしないでください。

・この用紙は、ゆうちょ銀行又は郵便局の払込機能付きＡＴＭでもご利用いただけます。

・この払込書を、ゆうちょ銀行又は郵便局の渉外員にお預けになるときは、引換えに預り証を必ずお受け取りください。

・ご依頼人様からご提出いただきました払込書に記載されたおところ、おなまえ等は、加入者様に通知されます。

・この受領証は、払込みの証拠となるものですから大切に保管してください。

収入印紙
課税相当額以上
貼　　　付

印

この用紙で「本郷」年間購読のお申し込みができます。

◆この申込票に必要事項をご記入の上、記載金額を添えて郵便局でお払込み下さい。

◆「本郷」のご送金は、４年分までとさせて頂きます。

※お客様のご都合で解約される場合は、ご返金いたしかねます。ご了承下さい。

この用紙で書籍のご注文ができます。

◆この申込票の通信欄にご注文の書籍をご記入の上、書籍代金（本体価格＋消費税）に荷造送料を加えた金額をお払込み下さい。

◆荷造送料は、ご注文１回の配送につき500円です。

◆入金確認まで約７日かかります。ご諒承下さい。

振替払込料は弊社が負担いたしますから無料です。

※領収証は改めてお送りいたしませんので、予めご諒承下さい。

お問い合わせ　〒113-0033・東京都文京区本郷７－２－８
吉川弘文館　営業部
電話03-3813-9151　FAX03-3812-3544

この場所には、何も記載しないでください。

各票の※印欄は、ご依頼人において記載してください。

払込取扱票

02	東京	通常払込料金加入者負担

口座記号番号	金額（千・百・十・万・千・百・十・円）
00100-5-244	※

加入者名	料金	備考
株式会社　吉川弘文館		

ご依頼人・通信欄

フリガナ			
※お名前			
郵便番号		電話	
※ご住所			
※			

◆「本郷」購読を希望します

購読開始　　　号より

1年　1000円（6冊）　3年　2800円（18冊）
2年　2000円（12冊）　4年　3600円（24冊）
（ご希望の購読期間に○印をお付け下さい）

日附印

裏面の注意事項をお読みください。（ゆうちょ銀行）（承認番号東第53889号）

これより下部には何も記入しないでください。

切り取らないでお出しください。

記載事項を訂正した場合は、その箇所に訂正印を押してください。

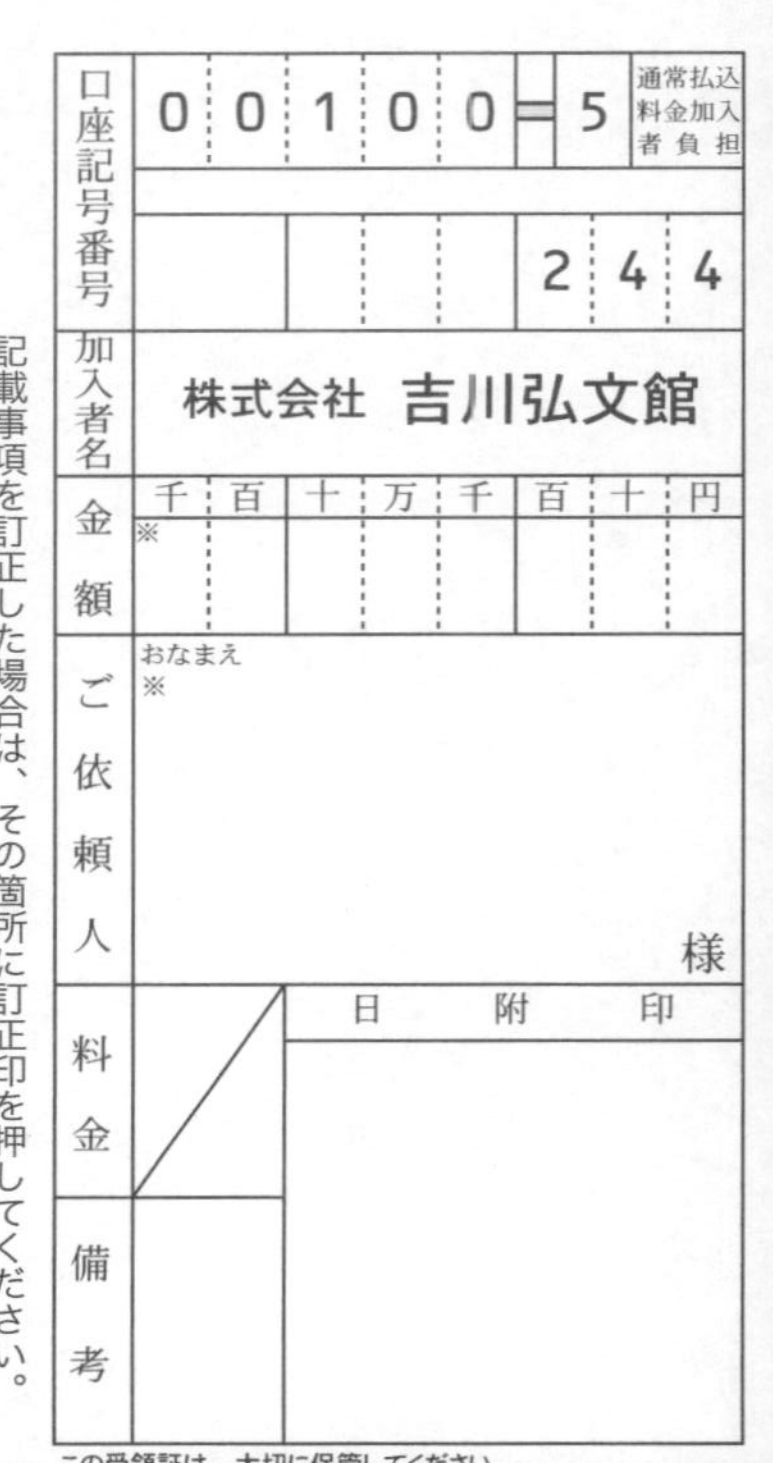

振替払込請求書兼受領証

口座記号番号	00100-5-244	通常払込料金加入者負担
加入者名	株式会社　吉川弘文館	
金額（千・百・十・万・千・百・十・円）	※	
ご依頼人	おなまえ ※　　　様	
料金		日附印
備考		

この受領証は、大切に保管してください。

伊勢神宮では、鎌倉幕府の成立による王朝勢力の衰えとともに、基盤を朝廷から封建領主、農民、商工民へと移していきました。鎌倉末期には、伊勢信仰の民衆化が進み、民衆の伊勢神宮への参宮がさかんになり、宿坊を経営する下級神職の御師が全国的に進出して、伊勢信仰をひろめました。伊勢神宮の内宮と外宮は、地位の上下をめぐって対立をつづけていましたが、伊勢の神が民衆の間で農業神、現世利益神としてひろく迎えられるようになって、外宮が勢力を伸ばしてきました。両部神道が、内宮と外宮を対等とし、ほんらい一体であるとしたことも、外宮の地位を高める理論的な支えとなりました。

外宮の度会氏は、内宮の荒木田氏とならんで、それぞれ内宮、外宮の神職団をひきいる家柄でした。鎌倉中期の度会行忠（一二三六―一三〇五）は、五五年にわたって禰宜をつとめ、独自の神道説を唱えました。その弟子の度会常昌は、後醍醐天皇の密勅を受けて武家調伏の祈禱を修め、建武の中興に尽くしました。同じ時代の度会家行（一二五六？―一三六二）は、博学で知られ、低い家筋の出でしたが、とくに禰宜にのぼりました。家行は『類聚神祇本源』をあらわし、伊勢神道の理論を大成しました。

伊勢神道では、奈良時代につくられたとする「神道五部書」を教典としています。この教典は、たがいに関連する内容をもつ『造伊勢二所太神宮宝基本記』など五つの書から成っており、鎌倉中期につくられたものとみられますが、秘書として宮川をこえてもち出すことを禁じられていたため、「禁河の書」とよばれました。

伊勢神道では、クニトコタチノカミを宇宙の本源神とし、この神の万物を生みだしつくるはたらきをアメノミナカヌシノカミとよんで、両神を一体とします。外宮の祭神トヨウケノオオカミは、水の神、食物の神で、水の徳をもつアメノミナカヌシノカミと同体とされます。内宮の祭神アマテラスオオミカミは、日の神で、火の徳をそなえています。内宮、外宮の両神は、火と水で、たがいに支えあう関係にあるとされます。また伊勢神道では、神に奉仕するには、外面の清浄（しょうじょう）と内面の心の清浄が必要であるとし、あかき心（丹心）と、きたなき心（黒心）を説いて、道徳を強調しました。このように信仰する人の心を重んじる信仰中心主義は、鎌倉仏教と共通のものといえます。

伊勢神道の教義は、伊勢信仰を、儒教、仏教、道教の理論をとりいれて基礎づけ、外宮の地位を高めました。伊勢神道は、古代王朝勢力の復活によって、かつての伊勢神宮の地位を回復しようとする立場にたっていましたから、神道を、儒教、仏教、道教よりもすぐれた最高の教えとし、天皇の宗教的権威を、神道の理論と歴史にたって明らかにしようとしました。日本を神の国とする神国思想は、鎌倉時代には仏教の立場から説かれていましたが、伊勢神道の成立によって、はじめて神国思想は神道によって理論づけられました。南朝の武将北畠親房（ちかふさ）が著わした『神皇正統記（じんのうしょうとうき）』は、伊勢神道の影響を受けて書かれたもので、「大日本（おおやまと）は神国（かみのくに）なり」と書きおこしています。

伊勢神道では、天皇の位をあらわす鏡、剣、玉の「三種の神器（じんぎ）」をとくに重んじて意義づけました。

三種の神器は、古代以来、天皇の身を守る神秘的な宝器として伝えられてきたもので、八咫の鏡、草薙の剣、八坂瓊の勾玉をいいます。このうち、八咫の鏡は伊勢神宮内宮の神体、草薙の剣は熱田神宮の神体として祀られているとされます。宮中には、鏡と剣の形代（模造品）と八坂瓊の勾玉が伝えられ、神鏡はとくに賢所に祀られました。

平安末期から鎌倉時代には、三種の神器を密教の立場から解釈する説があらわれ、その政治上、道徳上の意義が説かれました。伊勢神道では、『日本書紀』の「仲哀紀」の記事に基づいて、玉は曲妙、鏡は分明、剣は平天下（天下を平げ治める）という意味をもち、この三つは天皇の心そのものであり、天皇の政治の基本であるとしました。『神皇正統記』では、三種の神器は、正直、慈悲、知恵の三つの徳をあらわすとし、鏡は三つの徳を包む根本であるとしています。さらに北畠親房は、三種の神器は天皇の徳を現わすだけでなく、政治の指導理念であり、天皇と臣下の道徳の根元であると論じました。三種の神器の意義が、このようにさかんに論じられ強調されるとともに、神器の所在が天皇の位の根拠とされるようになりました。そのため南北朝時代をつうじて、南朝と北朝との間で、神器の授受や真偽をめぐって争いがくりかえされました。

伊勢神道を大成した度会家行は、南朝をたすけて活動し、一三四七（正平二・貞和三）年、南伊勢で挙兵しました。南朝が敗退したのちは、伊勢神宮にたいする室町幕府の圧迫が強まり、伊勢神道は理論の展開をはばまれましたが、室町時代に生まれた吉田神道をはじめ、近世以降のさまざまな習合神道説に大きな影響をあたえました。

山伏の宗教・修験道　原始社会以来の山岳信仰は、仏教、道教と結びついて発展し、中世には、山伏の宗教として修験道が成立しました。平安時代には、僧や聖の山岳修行がさかんに行なわれ、密教では、山岳に籠って修行した僧の加持祈禱は、とくに効験があるとして重んじられました。山岳修行によって、効験をもたらす力を身につけることを修験といい、修行者を修験者（験者）とよびました。修験者は、山中の大地に身を伏せて、山の霊力を直接、身に受けることから、山伏ともよばれました。

修験道では、役の小角を開祖と仰ぎ、南大和の大峰山系とよばれる吉野、金峰山、大峰から紀伊国の熊野にかけてのけわしい山岳地帯を最高の霊場としました。吉野、金峰山一帯は、原始神道の時代から、水の神、山の神が住む聖地とされ、やがて黄金が埋蔵されている仙郷、浄土として、ひろく信仰されるようになりました。平安前期の八九五（寛平七）年、真言宗の聖宝は、金峰山にわけ入って修行し、山上に寺をつくり、こののちしだいに、この地で修行する者が増えました。金峰山は、山の神である金剛蔵王権現が住む密厳浄土とされ、また弥勒の兜率天浄土、法華経の霊山浄土ともされて信仰を集め、藤原道長をはじめ貴族たちは、金峰山に参詣して写経を埋納しました。金峰山を拠点とする山伏たちは、聖宝を中興の祖として真言系の当山派をつくり、興福寺を本寺としましたが、のち室町末期から、聖宝がひらいた醍醐寺三宝院に本寺をうつしました。

真言密教が吉野、金峰山一帯を霊場としたのにつづいて、天台密教は、熊野から大峰に進出しました。平安中期から霊場として栄えた熊野は、一〇九〇（寛治四）年、天台宗寺門派の増誉（一〇三二—一一一六）が熊野三山検校となって以後、天台宗寺門派の支配下に入り、熊野から大峰山中へ入る天台密教の修行者が増えました。熊野に拠る山伏たちは、増誉を中興の祖として、天台系の本山派をつくりました。本山派では、増誉が朝廷からあたえられた京都の聖護院を本寺としました。ふるい歴史をもつ全国各地の山岳霊場のおおくは、中世末までに、当山派と本山派の系列にそれぞれ組みこまれましたが、特別の伝統をもつ九州の彦山（英彦山）、備前国の児島五流などの山伏は、独立を保ちつづけました。

中世をつうじて、修験道では独自の修行方法が整えられ、江戸時代に入って、修験道の教義が体系づけられました。修験道の修行は、山中の修行によって超自然的な霊力を身につけることを目的としており、密教の修法を中心に、神道、陰陽道をとりいれています。山中の修行で霊力を得た山伏は、里に下って旅をつづけ、行く先々で加持祈禱を行ないました。

山伏は、僧侶、神職、陰陽師のいずれでもない宗教者で、僧侶よりも低い身分とされ、当山派では髪を剃り、本山派では総髪で、独特のいでたちをしていました。山伏の修行は、宇宙の根源である大日仏とその現われである不動明王と一体となる力を得るためとされ、山伏の姿は、大日仏、不動明王のはたらきを示すものとされます。頭に頭巾、身に鈴懸をまとって結袈裟をかけ、笈と肩箱を背に、手に金剛杖と錫杖をもち、法螺貝を吹き鳴らす独特の山伏姿は、中世に定まったもので、こんにちまでつづいています。

室町中期には、十界修行とよばれる、水汲み、相撲、舞い、穀断ち、護摩などの一〇種の基本的な修行が定められ、これを終えると、そのまま仏になるとされました。また大峰への峰入りの意義が、教義としてととのえられ、大峰山系の熊野側は、胎蔵界、吉野側は金剛界で、全体が両界曼陀羅をあらわすとされました。熊野から吉野への峰入りを順峰、吉野から熊野への峰入りを逆峰とよびました。金峰山の神の金剛蔵王権現は、修験道独自の主尊として信仰されました。

中世の山伏は、農村、都市に霞（縄張り）をつくって、加持祈禱を修め、霊場への参詣の先達をつとめました。山伏は、封建支配の境界を自由に越えて行動し、けわしい山岳の地理にもくわしいことから、みずから武装集団となって活動したり、戦闘のたびに伝令や諜者として使われました。源平、南北朝、戦国などの戦乱で、山伏はしばしば戦闘に参加し、敗れた武将などが、山伏を頼り、山伏に姿を変えて逃亡した例も少なくありません。江戸時代に入ると、山伏はきびしく統制されて、自由な旅を禁止されたため、その多くは農村、都市に住みついて里山伏となりました。

五山文化　臨済宗は、鎌倉幕府の保護を受けて繁栄し、幕府は、宋の制度にならって、建長寺をはじめ鎌倉の臨済宗寺院をえらんで、五山十刹をさだめました。五山とは、官寺のうちで最高位の五カ寺、十刹はそれに次ぐ一〇カ寺をいいます。室町幕府が成立すると、将軍足利尊氏は、後醍醐天皇が帰依していた禅僧の夢窓疎石（一二七五—一三五一）を、足利氏の菩提所である京都の等持院の開山として招きました。尊氏は、夢窓の勧めで、南北朝の戦乱の死者をなぐさめるため、国ごとに安国寺（安国禅寺）と利生塔をつくりました。諸国の安国寺は守護大名たちの菩提所となり、臨済宗は、全国各地に進出しました。また利生塔の多くは、天台宗、真言宗の有力寺院に建てられ、臨済宗が他の宗派をおさえる拠点となりました。尊氏は、一三三九（延元四・暦応二）年、後醍醐天皇の菩提のため、京都に天竜寺をつくり、五山に列しました。こののちは、五山は五段階の寺格を意味するようになりました。三代将軍足利義満は、一三八六（至徳三）年、京都に相国寺をつくって五山にくわえ、京都五山と鎌倉五山が最終的に定まりました。

京都五山は、「五山之上」の南禅寺以下、天竜、相国、建仁、東福、万寿の五カ寺で、鎌倉五山は、建長、円覚、寿福、浄智、浄明の五カ寺でした。その下に京都十刹、鎌倉十刹、関東十刹などが定められ、中世末には、五山十刹は六〇余カ寺に増えました。義満は、京都に北山第を営み、池に臨む三層の楼閣をつくりました。北山第は、のち臨済宗鹿苑寺となりました。この楼閣は、一階が阿弥陀堂、二階が観音殿、三階が禅宗様式の仏間で、全体に金ぱくをおいたので、金閣とよばれました。つづいて八代将軍足利義政は、京都東山の別荘に観音堂をつくりました。のちに臨済宗慈照寺の観音殿となったこの堂は、金閣とならんで室町時代の建築技術の粋を集めた建物で、はじめ全体に銀ぱくをおくことになっていたことから、銀閣とよばれます。

室町幕府は、京都を中心に五山の制度をつくり、臨済宗は、幕府と各地の大名に保護されて繁栄をつづけました。室町時代には、京都五山をはじめ臨済宗の有力寺院を拠点に、五山文化とよばれる禅文化がさかんとなりました。こういう五山文化の発展は、中国との活発な交流によって支えられていました。

中国では、一三六八年、元が滅び、明が天下を統一しました。幕府は、明と勘合貿易を行なって、大きな利潤をあげました。日明貿易の発展にともなって、日本と中国の間の禅僧の往来がさかんになりました。五山の禅僧の中からは、幕府の政治、外交に参画する僧がつぎつぎに出ました。

もともと禅宗は、中国で成立し、中国から伝えられた宗派でしたから、臨済宗の寺院では、鎌倉中期以来、漢文と漢文学が、修学の基本とされていました。室町時代になると、中国との文化交流は、禅僧がほとんど独占し、五山の禅僧の間から、すぐれた文人、水墨画家、学者が輩出しました。詩才が中国にも聞えた義堂周信、外交、政治にも手腕をふるった絶海中津らは、五山文化を大成した禅僧とされます。

五山文化は、文芸、学問の振興と五山版の出版などをつうじて、京都、鎌倉の文化を全国の地方都市におよぼし、禅の思想を文化のさまざまな領域に浸透させました。南北朝時代に生まれた民衆芸能の狂言、茶、立花、連歌などには、禅に発する幽玄、わび、さびなどの独特な観念がとりいれられて、その精神が説かれるようになりました。小笠原流の武家礼法も、中国から来た禅僧が教えた礼法に、日本の習俗を加味してつくられたものです。

五山文化は、儒教の発達にも、大きな役割をはたしました。儒教は、平安後期には博士家の清原家の家学となり、鎌倉時代になって儒教の研究が復興されましたが、その後も停滞をつづけていました。中国では、一二世紀の宋の時代に、朱子学がおこり、この新儒教は、五山の禅僧によって日本にもたらされました。室町時代には、朱子学は、もっぱら五山の禅僧によって研究され、禅儒一致が唱えられて、儒教は禅僧に独占されるかたちとなりました。こうして五山文化は、江戸時代の儒教の興隆をはぐくむ役割をはたしました。

室町中期には、後小松天皇の子と伝えられる臨済僧の一休宗純（一三九四—一四八一）が出て、晩年、京都の大徳寺の住持となりました。一休は、禅宗の物質的繁栄と退廃をはげしく批判し、禅の真精神をもとめつづけて、狂雲子と号し、奇矯奔放な言動で終始しました。

応仁の乱から戦国の争乱へと、室町幕府が没落の一途をたどるとともに、臨済宗の勢力も後退しました。五山文化は、京都が荒廃したのちは、地方都市の臨済宗寺院に受けつがれ、しだいに衰えましたが、五山の禅文化が文芸、思想、学問に及ぼした影響は、きわめて大きく深いものがありました。

一向一揆と蓮如　鎌倉時代に成立した浄土系の真宗と、法華系の日蓮宗は、室町時代に民衆の生活に根をおろして大きく発展し、日本仏教の有力な流れとなって、こんにちに及んでいます。

真宗では、室町中期の一五世紀なかばまで、東国を基盤とする高田派、仏光寺派などの活動はありましたが、いずれも小さい勢力にとどまり、京都大谷の本願寺もさびれていました。一四五七（長禄元）年、蓮如（一四一五―九九）が本願寺の八世をつぎ、こののち半世紀ちかくにわたって、法主として本願寺教団をひきいました。この時期に、親鸞の教えは、広範な農民の心をとらえ、真宗のめざましい発展とともに、門徒農民による一向一揆の大波がひろがっていきました。

本願寺の中興とされる蓮如は、七世存如の子で、母は身分のひくい侍女でした。蓮如は、四三歳で本願寺をつぐまで、部屋住みのまずしい生活をおくりましたが、わかい時から宗祖親鸞にふかく傾倒し、熱烈な信仰に燃えて、本願寺興隆の志を立てました。

蓮如が本願寺をついだのは、応仁の乱が起こる一〇年前で、近畿の農村では、土一揆が続発していました。近畿、北陸などの進んだ農村地帯では、南北朝時代から、中小の名主層が育ち、郷村ごとに、名主を中心とする農民の自主的な結合が生まれ、一揆の原動力となっていたのです。真宗は、これまで東国を基盤としてきましたが、高田派が東国の門徒をおさえるようになり、本願寺では、新天地をもとめて、北陸への進出をはじめていました。蓮如は、本願寺に参詣に来る農民と、わけへだてなく、膝をまじえて酒をくみ交わして談笑し、近畿、北陸の農村で進行している変動を鋭くとらえました。

蓮如は、本願寺を比叡山延暦寺の支配から完全に解放して、一般門徒と直結させるとともに、教団の基盤を、停滞した東国の農村から郷村の結合が育ちつつある近畿、北陸の農村にうつす方針を実行に移しました。法主となった蓮如は、ただちに本願寺から天台宗の本尊と経巻を一掃しました。真宗が進出していた近江国の湖南地方では、門徒農民の組織が育ちはじめ、延暦寺の荘園では、荘園支配者と門徒農民との衝突が起こりました。一四六五（寛正(かんしょう)六）年、比叡山の僧兵は、大挙して本願寺を襲って破壊しました。蓮如は、親鸞の画像を奉じて大津に逃れ、しばらく湖南の門徒農民の組織化に力を注ぎました。

一四七一（文明三）年、応仁の乱のさなかに、蓮如は越前(えちぜん)国吉崎(よしざき)に道場をつくり、北陸に進出しました。吉崎は、加賀(かが)国との境に位置する要地で、興福寺大乗院(だいじょういん)の領地でしたが、当時は朝倉氏が支配していました。蓮如は、大乗院とも、朝倉氏とも友好を保ちながら、吉崎を拠点に北陸の農村に門徒の組織を拡大していきました。吉崎は、数年もたたずに、北陸、信濃(しなの)、東北の諸国から念仏の救いをもとめて集まる人びとで賑わうようになり、本坊を中心に宿坊や商家が立ち並ぶ門前町ができました。北陸の村々では、門徒となった農民たちは、村ごとに名主(みょうしゅ)、長(おさ)、年寄(としより)など郷村の指導層を中心に講(こう)をつくり、末寺(まつじ)や道場を建てました。門徒農民の講は、村をこえ郡をおおうつながりをつくりだし、領主や武士団の圧力とたたかう強い組織に育っていきました。

蓮如が吉崎に進出して三年目の一四七四（文明六）年、吉崎道場は、加賀国の守護富樫政親(とがしまさちか)の焼き打ちにあい、蓮如は若狭(わかさ)国に逃れました。この年の冬、加賀国の門徒農民は、団結して武士団と戦い、守護代の小杉氏を滅ぼしました。絶対他力の信仰で来世の救いを確信する門徒農民たちは、死を恐れることなく勇敢に戦いました。一向一揆は、このの ち短期間で支配地をひろげ、しだいに武装した封建勢力に成長していきました。

蓮如は、吉崎を去って三年後に、京都山科に壮大な本願寺をつくりました。蓮如は、『御文（おふみ）』や和讃（わさん）をつくって、親鸞の教えをわかりやすく説き、念仏する者の平等を強調しました。また蓮如は、儀礼を統一して簡素にし、現世利益の加持祈禱を否定して、旧仏教や、旧仏教と結ぶ高田派と対決しました。真宗は、近畿、北陸から東海にひろがり、一向一揆があいついで起こりました。蓮如は、門徒農民と封建支配者との衝突を避けるため、くりかえし「王法為本（いほん）」を説き、守護、地頭の命令を尊重し、年貢を完納するように命じました。しかし一向一揆は、蓮如の制止をよそに燃えひろがる一方でした。

一四八八（長享（ちょうきょう）二）年、加賀の一向一揆は、北陸一帯の門徒農民と連合して富樫氏と戦い、二〇万余の一揆軍はその居城を包囲しました。富樫政親は自殺し、一向一揆は加賀一国を制圧しました。こののち約一世紀にわたって、加賀国では土豪、僧侶、農民による合議制の支配がつづき、「無主の国」「百姓（ひゃくしょう）の持ちたる国」とよばれました。一向一揆は、さらに越前、越中、能登（のと）、飛驒（ひだ）の各国にひろがり、戦国時代末期には、近畿、東海に及びました。

蓮如は、七五歳で法主を子にゆずり、一四九六（明応（めいおう）五）年、大坂の石山に坊舎（本願寺（ほんがんじ））をつくりました。石山は、西国への交通の要地で、日明貿易で栄える堺（さかい）に隣りあっていました。真宗をめざましく発展させ、一代で広大な「仏法領」を築いた蓮如は、石山に隠居して三年後に、病気で山科にもどり、八五歳で没しました。

石山本願寺は、一五三六（天文五）年の天文法華の乱で山科本願寺が焼失したのちは、真宗の本拠となり、堀をめぐらした城郭のような宏壮な坊舎を中心に、門前町が栄えました。この門前町が、大阪のはじまりです。石山本願寺を頂点とする教団は、強大な封建勢力となり、門徒農民の貢納と、堺の商人と結んでの日明貿易の利潤で富強を誇りました。真宗は、蓮如の没後、西国と東北へひろがり、一向一揆が死闘をくりかえしていた一〇世法主証如の時代には、法主の力は絶頂に達し、破門によって信者の来世の救いを左右する存在となりました。

一一世の顕如（一五四三―九二）は、正親町天皇に即位礼の費用を献上して、門跡に列せられ、法主の貴族化がいちじるしくなりました。顕如は、織田信長の天下統一をはばむために、一五七〇（元亀元）年から一〇年にわたって、石山本願寺に教団の総力を結集して、織田軍を迎え撃ちました。伊勢国長島をはじめ各地で、おびただしい門徒農民が織田軍に殺されました。顕如は、一五八〇（天正八）年、正親町天皇のあっせんで信長と和議を結んで石山を退去し、開城のさいに発した火で石山本願寺は焼失しました。この石山戦争によって、近世的統一者の武力に敗れた本願寺は、独立の封建勢力としての地歩を失い、加賀の一向一揆も滅びました。

一五九二（文禄元）年、豊臣秀吉が土地を寄進して、京都六条堀川に本願寺が再建されました。一六〇二（慶長七）年、江戸幕府は、真宗を東西に二分して統制するため、京都烏丸六条に、べつに本願寺をつくらせました。堀川の方は西本願寺とよばれ、のち浄土真宗本願寺派の本山となり、烏丸の方は東本願寺とよばれて、真宗大谷派の本山となりました。

日蓮教学と法華一揆　室町時代に、日蓮宗は京都をはじめ西国の都市に進出し、町衆の宗教として商工民から迎えられました。真宗の絶対他力の救いが、たたかう農民の心の支えとなったのにたいして、法華経の現世利益を強調し、政治、社会の矛盾と積極的にきりむすぶ日蓮宗の実践的な姿勢が、勃興しつつある変革期の商工民の心をとらえたのです。応仁の乱の前夜には、京都の町民の大半が法華信仰に帰したといわれます。

京都では、鎌倉末期に日像によって妙顕寺の四条門流がひらかれ、南北朝時代には本国寺（のち本圀寺）の六条門流がひらかれましたが、室町幕府が成立し、政治の中心が鎌倉から京都にもどると、各門流の京都進出が活発になりました。日蓮宗には、日蓮以来、正法を用いるように政治支配者を諫める国主諫暁の伝統があり、富士派や中山門流の僧は、あいついで京都におもむいて公武（天皇と将軍）を諫暁して弾圧されました。中山門流の日親（一四〇七―八八）は、幕府を諫暁して将軍足利義政の怒りにふれ、焼けた鍋をかぶせられたので、世人は「鍋かぶり日親」とよびました。

日蓮宗の各門流が京都に進出し、京都の商工民の間で法華信仰がめざましくひろがると、宗内では日蓮教学をめぐる論争がさかんとなりました。各門流の学僧たちは、それぞれ自派が日蓮の教えを正しく受けついでいると主張して論争しました。論点は教学のほとんど全面にわたり、中でも最大の論点となったのは法華経にかんする一致と勝劣の争いでした。

法華経は、伝統的な解釈では、序分、正宗分、流通分に三分され、また前半の一四章を迹門、後半の一四章を本門とよんで二分します。本門と迹門は等価値で、優劣深浅はないとするのが本迹一致（一致義）です。これにたいして、本門がすぐれ迹門が劣るとするのが本勝迹劣（勝劣義）です。思想の性格からいえば、一致義は真理を幅ひろくとらえることで、保守的で現状肯定に傾きやすく、勝劣義は、真理を究極的にしぼっていこうとすることから、変革的で現状打破の傾向をもつことになります。

さらに、布施についての、不信者から受けるべきか否かをめぐる受不受の論争、布教の方法についての摂受と折伏の論争も展開されました。法華経をひろめるのに、水がしみとおっていくようにゆるやかに説く方法が摂受で、力をこめて折り伏せるようにはげしく迫る方法を折伏といいます。また、三大秘法の解釈や、日蓮の本質をめぐる菩薩と本仏の論争もつづきました。日蓮を末法に法華経をひろめるために出現した上行菩薩とする多数派にたいして、末法では、すでに釈迦は脱仏（ぬけがらの仏）となっており、日蓮こそ末法に出現した本仏（真の仏）であるとする日蓮本仏論が主張され、論争となったのです。

室町中期に、四条門流から日隆（一三八四―一四六四）が出て、八品派をひらき、日蓮教学の展開に大きな役割をはたしました。日隆は、京都に本応寺（のち本能寺）をひらき、近畿、四国、中国をめぐって折伏をつづけ、日隆門流の基礎をつくりました。八品派の教学は、勝劣義に立ち、真理は法華経本門の中の八つの章（品）にあるとしたので、この名があります。八品派では、日蓮以前の法華経は脱益（効力を失っていること）の法華経であり、末法の法華経は下種益（あらゆる人間に仏の種を下すこと）の法華経であるとする種脱論を唱え、富士派にも影響をあたえました。

室町末期の京都の日蓮宗は、洛中洛外に二一の本山が並びたって、勢威をふるいました。一五三二（天文元）年、山城、河内、和泉、摂津の諸国で法華信者が一揆を起こし、洛中洛外を支配しました。この法華一揆は、京都の上層町衆、近畿の有力な武士団、郷村の支配層などによって指導され、京都を天台宗などの旧仏教勢力と一向一揆から守るとともに、支配地をめざましく拡大しました。一五三六（天文五）年、比叡山では、六万余（一五万ともいう）の僧兵の大軍をくり出して、日蓮宗の本山二一カ寺を破壊し、法華一揆を滅ぼしました。この天文法華の乱で敗れた京都の日蓮宗は、一時、本拠を堺に移し、戦国時代末期から復興に向かいました。京都の日蓮宗寺院を中心に展開された多彩な教学論争は、いずれも結着をみないまま、江戸時代にもちこされました。

吉田神道　伊勢神道につづく神主仏従の神道説として、室町時代に、吉田兼倶（一四三五―一五一一）によって、吉田神道（唯一神道、卜部神道）が大成されました。吉田家は、鎌倉時代から神祇大副（神祇官の次官）を世襲してきた卜部氏が、春日神社の分社で京都神楽岡にある吉田神社を預ったことから吉田を称したのにはじまります。神祇官の長官である神祇伯は、白川家が世襲し、とくに王号を許されていたので、伯王家ともいいました。吉田家では、室町時代の下剋上の時世を迎えて、白川家を圧倒して全国の神社を支配しようと企てました。

兼倶は、二六歳で父をついで吉田社預（あずかり）となりましたが、ほどなく応仁の乱で吉田神社は焼失しました。朝廷と幕府は、兵乱で諸国の神社が衰え、神事がすたれたため、神事の復興と神祇信仰の統一をもとめていました。これにこたえて兼倶は、代々、学者を輩出してきた卜部氏が受けついでいた神道説によって、吉田神社を中心に、全国の神社を統一する構想を立てました。

一四八四（文明一六）年、兼倶は、将軍足利義政の夫人日野富子（ひのとみこ）をはじめ、公卿（くげ）、武将などから多額の寄進を受けて、吉田神社の南に日本最上神祇斎場（さいじょう）をつくりました。その中心は神祇官の八神殿（はっしんでん）になぞらえた八角形で茅（かや）ぶき丹（に）ぬりの大元宮（だいげんぐう）で、その後方には八神殿を設け、さらに伊勢神宮以下全国三〇〇〇余座の神祇を国ごとに祀（まつ）りました。斎場を建立してまもなく、伊勢神宮では、外宮につづいて内宮が焼失しました。当時は、全国的に進出した御師（おんし）によって伊勢の神（神明（しんめい））の託宣や飛来がさかんに説かれ、各地に神明社が勧請（かんじょう）されて、飛神明（とびしんめい）の信仰が広がっていました。兼倶は、この風潮をとらえて、朝廷に伊勢から神器が飛来したと密奏しました。兼倶は、伊勢神宮そのものを斎場にうつし、斎場を名実ともに全神社の中心にしようとしたのです。そのために兼倶は、賀茂川の上流にひそかに人をやって、塩俵を川の水に入れ、神器が二見（ふたみ）の潮に乗って来臨（らいりん）したため、賀茂川の水が海水に変わったと言いふらさせたと伝えられます。しかし、この大胆不敵な計画は、伊勢神宮側と公卿の一部の反撃を受けて失敗に終わりました。

こういう失敗もありましたが、兼倶は、室町幕府の支持をえて、着々と吉田神道の基盤を拡大し、神祇伯に対抗して、神祇管領長上と称しました。また兼倶は、日蓮宗に宗論を挑み、日蓮が卜部氏の祖先から法華三十番神の伝授を受けたと主張して、三十番神が吉田神道に発することを日蓮宗側に認めさせました。この宗論をつうじて、吉田神道と日蓮宗は結びつきをつよめ、吉田神道は法華信仰のひろい地盤に進出することができました。

吉田神道の教義は、神道を最高とし、儒教、仏教、道教は、神道をさかんにし光華を添える教えとしています。吉田神道は、春日大明神の神宣によって卜部氏に伝わった唯一の元本宗源の神道とされ、これまでの習合神道説や各神社の社伝、縁起などの説は劣った神道として批判されています。吉田神道では、道教をとりいれて、クニトコタチノミコトを大元尊神とよんで宇宙の本源とし、吉田神道は、元と本を明らかにし、元神・元初に帰る道であるとしています。兼倶は、仏教の顕密にならって、顕露教と隠幽教を立て、それぞれ異なる教典と修法を定めました。吉田神道では、心と肉体のはたらきを正しくする内清浄と外清浄の修行を説き、密教の修法をほとんどそのまま採用して、神道加持、神道護摩、神道灌頂、安鎮法、火焼行事などをつくりました。

吉田神道は、幕府の求めにこたえて神道の統一を進めるとともに、現世利益で農民、商工民の間に進出しました。兼倶死後の一五八五（天正一三）年、吉田神道の斎場に正式の神祇官八神殿がおかれ、斎場は神祇官代とさだめられました。江戸幕府は、吉田家を神道家元として公認し、江戸時代をつうじて、吉田神道は全国のほとんどの神社を支配下におきました。こうして吉田神道が重んじる中臣祓や、天照皇大神、八幡大神、春日大明神の三社託宣をはじめ、吉田神道の教義と修法は、全国の神社に浸透し、ぬきがたい影響をあたえました。

Ⅳ　近世の宗教

1　キリシタン

キリスト教の伝来　戦国時代末期の一五四三（天文一二）年、ポルトガル人が種子島に来て、日本は、はじめてヨーロッパと直接の交渉をもつことになりました。ポルトガル人が伝えた鉄砲は、短時日で戦国大名の新兵器として普及して、戦闘形態を一変させ、鉄砲の威力を駆使する織田信長によって、全国統一への道がひらかれました。

一五四九（天文一八）年、「東洋の使徒」とよばれるフランシスコ・サビエル（一五〇六―五二）が鹿児島に来て、キリスト教を伝えました。サビエルは、フランスとイスパニアの境にあるナバラ王国の貴族の出身で、パリでイエズス会の創立にくわわりました。イエズス会は、宗教改革でゆらいでいたローマ法王の力と権威を回復するためにつくられた修道会で、イエズス会士は法王への絶対服従と伝道への献身を誓いました。

サビエルは、アジアにおける法王代理としてインドに派遣され、インドのゴアからマラッカ、モルッカ諸島へと布教の旅をつづけました。サビエルは、マラッカで日本の武士アンジロー（ヤジローともいう）と会い、キリスト教に入信させました。アンジローから日本の事情を聞いたサビエルは、日本には、これまでたずねたアジアの各地とは異質な高い文化があることを知り、日本への布教を決意しました。

アンジローの案内で鹿児島に上陸したサビエルは、領主島津貴久の歓迎を受け、布教を許されました。サビエルは、禅寺でキリスト教を説き、わずか数人でしたが、男女の信者ができました。貴久は、ポルトガル船の入港による貿易の利益を期待して布教を許可したのですが、ポルトガル船はいっこうに現われず、仏教側の反感も高まってきたので、サビエルが願っていたミヤコ行きを許しました。

サビエルは、滞在一年余で鹿児島を去り、平戸、山口をへて、一五五一（天文二〇）年、京都に入りました。サビエルは、天皇か将軍に会って、日本全土の布教許可を得る計画でしたが、京都は戦乱で荒れはてており、御所は献上品をもたないこの外国僧を受けつけず、将軍足利義輝は家臣の抗争で京都を逃れたままでした。サビエルは、日本の最高学府と聞いて比叡山をおとずれ宗論をもとめましたが、異国の僧の入山は許さない掟であるといわれ、坂本で追い返されました。

そこでサビエルは、西国一の実力者として聞こえていた周防国山口の領主大内義隆に会うことにしました。いったん平戸にもどったサビエルは、美しい絹の服を着け、かずかずの高価な贈りものを馬に積んで、ポルトガルのゴア総督の使節と称して山口に乗りこみました。サビエルは、義隆に日本国王あての国書をささげ、オルゴールつきの置時計、鏡、銃、織物などを贈りました。義隆の布教許可を得たサビエルは、西国一の繁栄を誇る山口に、日本最初のキリスト教の教会大道寺をつくりました。サビエルは、町に出てたどたどしい日本語で説教をしました。サビエルは、身長も低く、目も髪も黒かったこともあって、日本人から親しまれ、「天竺から来た坊さんが、仏教の新しい宗派をひろめにきた」と思われたということです。

サビエルは、日本の宗教について熱心に研究し、はじめは真言宗の大日仏とキリスト教の神は同じと考え、神を「大日」と訳しましたが、両者の違いをたしかめると、神をラテン語のままダイウス（デウス）とよぶことにしました。

サビエルは、山口の町の人びとを集めて、仏教の教えを誤りであると批判し、僧侶の退廃した生活を非難しました。僧たちは、この攻撃に怒って、「ダイウスとは大嘘ということだ」などと反撃しましたが、宗論では、宇宙のはじまり、人間の救済というような問題になると、ヨーロッパのながい神学論争の伝統を身につけたサビエルのほうが優勢でした。こうして、武士、商工民の男女の間で、サビエルが説く唯一絶対の神による救済の教えを信ずる者がふえてきました。

サビエルは、二年余にわたって鹿児島、山口など西日本の各地で布教をつづけ、一五五一（天文二〇）年、日本を去りました。ゴアにもどったサビエルは、日本で構想をかためた中国布教を実行するために、翌年、カントンにちかい上川島まで来ましたが、熱病にかかり、二人のアジア人にみとられて四七年の生涯を閉じました。

キリシタンの発展　サビエルが日本を去ったのち、日本とヨーロッパとの間の南蛮貿易がさかんになるとともに、ヨーロッパから宣教師があいついで来日し、キリスト教の布教は、西日本から近畿、東国におよびました。キリスト教は、南蛮文化と結びついてひろがり、キリシタンとよばれました。

キリシタンは、織田信長によって全国の統一が進む時期に、めざましい発展をとげました。キリシタンが最初にひろがった九州では、領国支配をめぐって死闘をくりかえしていた大名たちが、南蛮貿易がもたらす莫大な利益を期待して、つぎつぎにキリシタンに改宗しました。キリシタンは、まず支配層を改宗させ、その権力を使って、家臣団から民衆へと布教していく方針をとりました。キリシタン大名の領地では、教会、病院などが建てられ、豊後国の府内（大分）、肥前国の平戸、島原半島の口之津などが、キリシタンの拠点となりました。キリシタン大名の大村純忠は、一五七九（天正七）年、長崎港をイエズス会に寄進し、日本の一角に法王領が出現しました。

京都では、一五六〇（永禄三）年、将軍足利義輝が布教を許可し、キリシタンの活動は畿内でも活発になりました。公卿、大名で改宗する者もあり、高槻城主高山右近（?—一六一五）のように、一族と家臣団をあげて熱心な信仰生活に入る大名もあらわれました。信長は、一五六九（永禄一二）年、宣教師フロイスに布教許可をあたえ、キリシタンの保護を約束しました。信長は、比叡山、高野山、根来寺、一向一揆など、新旧仏教の反対勢力を打倒して天下を統一するために、キリシタンを全面的に利用する方針でした。信長は、安土で仏教とキリシタンの宗論を行なわせ、京都四条に南蛮寺を創建させました。南蛮寺は、木造三階建ての本格的な教会で、近畿のキリシタンの中心施設となりました。一五八〇（天正八）年、信長の天下統一の本拠として、雄大で美しい安土城が完成しました。イエズス会の巡察使として来日したバリニャーノは、安土城で信長と会見し、大歓迎を受けました。バリニャーノは、日本を都、豊後、下の三教区にわけ、要地に教会とその付属施設の修道院、住院、祈禱所、学校などをつくり、日本人宣教師の養成を進めました。

バリニャーノは、九州の有力なキリシタン大名の大友、大村、有馬三氏に、法王とイスパニア国王に使節を送るように勧めました。そこで、使節として三大名の一族から正使伊東マンショ、千々石ミゲルと副使原マルチノ、中浦ジュリアンという、いずれも一四、五歳の少年四名が選ばれ、一五八二（天正一〇）年、ヨーロッパへの旅に出発しました。少年使節の一行は、万里の波濤を越え、インド経由で、三年余りかかってローマに到着し、法王グレゴリウス一三世から金拍車の騎士に任じられました。四人の少年は、ヨーロッパをおとずれた最初の日本人でしたが、一行が大任をはたして、一五九〇（天正一八）年、書物や印刷機をたずさえて帰国したときには、すでにキリシタンは禁止されており、のち原マルチノはマカオに追放され、中浦ジュリアンは殉教しました。

少年使節の日本出発後まもなく、本能寺の変で信長はたおれ、天下統一の事業は、豊臣秀吉に受けつがれました。信長は、一五七一（元亀二）年、比叡山を焼き打ちして一挙にその力を奪い、一五八

○（天正八）年には、石山本願寺を降すなど、強大な新旧の仏教勢力を武力で打倒しました。秀吉は、宗教勢力を武力でおさえ、寺領、神領の検地を実施しましたが、同時に、神仏や天皇によって、じぶんの権力を権威づけることにつとめました。

秀吉は、キリシタンを保護し、南蛮貿易をさかんにする政策をとりました。秀吉をささえる小西行長、黒田孝高ら有力な大名のキリシタンへの改宗があいつぎ、キリシタンの発展はとどまることを知らない勢いとなりました。キリシタンは、主である唯一の神による救済を約束し、アニマ（霊魂）の尊重と人間の平等、一夫一婦制を説いて、大名、武士から商工民、農民の男女へとひろがり、各地で信者の講や組が育っていきました。

秀吉は、民衆の間でのキリシタンの発展が、全国支配の妨げとなるとみて、一五八七（天正一五）年、九州征伐の帰途に、博多でキリシタンの禁止を命令しました。秀吉は禁教令で、「日本は神国たるところ、きりしたん国より邪法を授け候儀、はなはだもって然るべからざる事」とのべ、宣教師を国外に追放し、おもな教会を破壊しました。

禁教令の四年後、ルソン（フィリピン）との通交がはじまり、ルソンの使節としてフランシスコ会の宣教師が来日しました。フランシスコ会では、秀吉の歓待を布教許可と受けとり、公然と布教をはじめましたが、キリシタンに日本侵略の意図があると思いこんだ秀吉は、宣教師と日本人信者二六名を長崎で処刑しました。これが、日本最初のキリスト教の殉教者で、のち法王によって聖者に列せられ、二六聖人とよばれます。

フランシスコ会につづいて、アウグスチノ会とドミニコ会の宣教師が来日し、おもに東日本で布教しました。キリシタンは、禁教令を乗りこえて全国的に発展をつづけ、江戸幕府がひらかれた慶長年間（一五九六―一六一五）には最盛期を迎えました。ローマへの報告によれば、全国の信者は七〇万人をこえ、北は蝦夷地（えぞち）（北海道）にいたる全土の要地に、教会がつくられていました。教会を中心に、学校、病院、孤児院などが経営され、農村では、農繁期に託児所がひらかれ、まずしい人びとのためには、巡回医療も行なわれました。

『どちりいな・きりしたん』『天地始（はじめ）之事』などの教義書、布教書も、ヨーロッパからもたらされた印刷機によって日本文、ローマ字文でつぎつぎに刊行されました。キリシタン版とよばれるこれらの出版物の中には、『平家物語』や『イソップ物語』のローマ字本もありました。また日本語とポルトガル語の『日葡辞書（にっぽじしょ）』（一六〇三年）もつくられ、一六世紀末の日本語の音韻と文法が、ポルトガル式ローマ字にうつされて、こんにちに伝えられました。西洋音楽と西洋演劇も、キリシタンの布教をつうじて日本にもたらされました。

このように日本のキリスト教は、伝来後わずか半世紀余りで全国にひろがり、民衆の生活に根をおろしました。キリスト教の日本布教は、ヨーロッパをおおう宗教改革に対抗して展開されたカトリックの世界布教の一環として進められ、カトリック布教の伝統に従って、まず支配層を入信させ、その力を使って民衆の間へ及ぼされていきました。しかしキリシタンの唯一神の信仰ときびしい倫理が民衆の心をとらえていくとともに、もともと封建支配を守る立場にあったキリシタンは、一向一揆の講と同じような民衆の自主的な組織となって発展していきました。そのうえ、アジアの涯で高い文化と発達した宗教をもつ日本社会に接して衝撃を受けたサビエル以来、外国人宣教師たちは、アジアの各地やラテン・アメリカで、土地の宗教と妥協しつつ布教していったのと異なり、一貫して厳格な正統のカトリック信仰を日本人に求め、他の宗教とくに仏教にたいするきびしい批判をゆるめませんでした。織豊政権から江戸幕府へと受けつがれた、すべての宗教を政治権力の完全な統制支配下におこうとする宗教政策にとって、民衆の心をとらえて発展するキリシタンの存在は、封建支配の秩序を脅やかす、とうてい容認できないものとなっていたのです。

一六〇三（慶長八）年、徳川家康が江戸に幕府をひらきました。江戸幕府は、はじめ貿易をさかんにする政策をとり、キリシタンの活動を許したので、布教はますます活発になりました。東北の有力な大名伊達政宗は、一六一三（慶長一八）年、ヨーロッパとの通商交渉のために、家臣の支倉常長（一五七一―一六二二）をメキシコ経由でヨーロッパへ送りました。常長は、ローマ法王パウルス五世とイスパニア国王に謁し、通商交渉はまとまりませんでしたが、キリスト教に入信して、七年後に帰国しました。

支倉一行が出発した一六一三年の暮れ、幕府は全国にわたるキリシタン禁教令を発しました。こうして幕府は、封建支配を確立するためにキリシタンの徹底的な弾圧に踏みきりましたが、日本との貿易に進出してきた新教（プロテスタント）国のイギリス、オランダが、幕府に、競争相手のカトリック国ポルトガル、イスパニアの国力を背景とするキリシタンの侵略性を強調したことも、禁教を断行する動機となりました。翌年、高山右近ら一四八人の信者がマニラに追放され、こののち一七世紀なかばまでの半世紀余にわたって、流血に彩られた凄惨な追害と殉教の歴史がくりひろげられていきました。

江戸幕府の宗教統制　江戸幕府は、キリシタンを弾圧して根だやしにするとともに、仏教、神道を完全に政治権力に従属させて統制支配する政策を強行しました。

室町時代をつうじて、新旧の仏教各宗ははげしい勢力争いをくりかえし、とくに真宗と日蓮宗がめざましい進出をとげました。この時期に、仏教各宗は、死者の供養と祖霊のまつりをつうじて家と結びつき、菩提寺と檀家の関係が広範に成立しました。江戸幕府は、近世的統一が実現した段階での各宗の勢力分野をそのまま固定し、寺領を、幕府と諸藩による朱印地、黒印地としてあらためて保障しました。さらに幕府は、それぞれの宗派に法度を下して、本山をつうじて末寺を統制しました。一六三五（寛永一二）年、寺社奉行をおいた幕府は、キリシタン禁止を理由に宗門改めと寺請けの制度をつくって、すべての人民を強制的にいずれかの宗派の寺院に檀信徒として登録させました。

こうして仏教は、幕藩制の支配をささえる国教となり、寺院は、人民の戸籍を管理する封建支配の末端機構の役割をはたすことになりました。各宗は、寺領の保障と寺檀関係の制度化によって安定しましたが、幕府は本山と末寺の間の封建秩序を守らせ、新しい信仰運動や異なった教義解釈をきびしく禁止しました。各宗では、幕府の奨励で教学はさかんになりましたが、教団上層の貴族化が進み、僧侶の生活の退廃がめだってきました。

こうして各宗は、幕府の力によって鉢植え同然にされ、幕藩制支配を宗教によって権威づけるとともに、民衆にたいして、既成の秩序に従順に従い、現世の苦しみを諦め、来世のしあわせを願うように説く役割をはたしました。こういう仏教の停滞と政治権力への従属に反発し、民衆の救済に挺身する僧や、宗内の封建秩序に反抗して異なった教えを唱える運動も、つぎつぎにあらわれましたが、幕府は封建支配のわくからはずれた宗教運動にたいして、容赦ない弾圧をくりかえしました。

封建支配に完全にくみこまれた各宗は、幕府の保護によって、外見的には繁栄をつづけました。浄土宗は、徳川氏が浄土宗の檀家であったことから、江戸の増上寺が将軍家の菩提所となり、格別の優遇を受けました。信長の比叡山焼き打ちで衰えた天台宗は、家康の側近に仕えた天海（一五三六？—一六四三）の政治的手腕によって勢力をもりかえしました。家康が没すると、天海は、家康の遺言を楯に、吉田神道で葬り大明神として祀ろうと主張する臨済宗の崇伝らを退けて、家康を山王一実神道で日光に葬り、家康は朝廷から「東照大権現」の神号を授けられました。日光の地は、古代以来、東国における天台宗の拠点でしたが、日光一山が秀吉の小田原征伐のさい北条氏に加担したため、全寺領を没収されて衰えていました。天海は、一六一七（元和三）年、日光に家康を祀る東照宮をつくり、日光東照宮は、江戸時代をつうじて幕府の至聖所として尊ばれました。つづいて天海は、一六二五（寛永二）年、比叡山延暦寺にならって、江戸城の鬼門にあたる上野の地に、江戸城を鎮護する東叡山寛永寺を創建しました。真言宗は、信長による高野聖狩り、秀吉による高野山の包囲と根来、雑賀攻めで力を失いましたが、江戸時代には、高野山、京都の各本山と新義の智山、豊山両派が幕府に保護されて栄えました。

真宗は、東西本願寺の分立によって力を二分されましたが、全国の門徒にささえられて繁栄し、本山は並ぶもののない富強を謳歌しました。しかし、薩摩藩では真宗が禁止され、門徒はひそかに講をつくって信仰を伝えました。また秘密組織をつくっていた異端的なかくれ念仏、秘事法門は、江戸中期以後、しばしば発覚して弾圧されました。

日蓮宗では、一致義に立つ主流の身延派は、幕府にたいして従順で保護されましたが、不受不施派などの少数派は、封建支配に反抗して弾圧されました。

不受不施派は、京都妙覚寺の日奥（一五六五—一六三〇）がひらいた派で、法華経を信じない謗法者から施しを受けず、またこれにこたえて読経などを施してはならないとすることから、この名があります。日奥は、秀吉が京都東山の方広寺につくった大仏の千僧供養会に出仕を拒み、妙覚寺を去りました。

家康は、大坂城で受と不受の対論を行なわせ、日奥の負けと判定して対馬に流しました。一三年後、日奥は許されて妙覚寺にもどりましたが、日蓮宗内で不受不施の主張が有力になったため、幕府は、江戸城中で、受の身延山と不受の池上本門寺の身池対論を行なわせ、不受不施を邪義と裁定しました。池上本門寺の日樹は流罪となり、対論の翌月に没した日奥も、死後の流罪を命じられて、遺体を対馬に送られました。こののち幕末まで、不受不施派はくりかえし弾圧され、信者は秘密の地下組織をつくって信仰を守りました。

禅宗では、臨済宗は、京都の妙心寺をはじめ、大徳寺、南禅寺、東福寺、鎌倉の建長寺などが栄えました。江戸中期に、妙心寺の第一座となった白隠慧鶴（一六八五―一七六八）は、諸国を行脚して、説教と著作で民衆に禅をひろめ、九州で民衆を教化した古月禅材（一六六七―一七五一）とともに、臨済禅をさかんにしました。曹洞宗では、永平寺と総持寺は二大本山として抗争をつづけましたが、天狗になったとされる道了薩埵（道了尊）をまつる相模国の最乗寺、現世利益信仰をあつめた三河国の豊川稲荷（妙厳寺）などが栄えました。総持寺は、明治末年の火災を機に、横浜の鶴見にうつり、伽藍を整備しました。

江戸中期の一六六一（寛文元）年、明の禅僧隠元隆琦（一五九二―一六七三）が黄檗宗をひらきました。隠元は、明末の戦禍を逃れて、六三歳で長崎に来て、後水尾上皇の帰依を受け、四代将軍徳川家綱の命で、山城国宇治に黄檗山万福寺を創建しました。黄檗禅は、臨済禅の一派で、明の時代に念仏禅をとりいれました。黄檗宗では、中国そのままの禅を伝え、万福寺の住職も、一三世まですべて中国僧でした。隠元は書にすぐれ、煎茶を伝えたとされます。黄檗宗に伝わる精進料理は、普茶料理として知られています。前後一〇年を費やして『黄檗版大蔵経』を刊行した鉄眼道光は、隠元の弟子で、刊行中、ききんが起こると、辛苦のすえ集めた刊行費用を投げ出して、民衆の飢えを救いました。

江戸時代には、臨済系の普化宗（虚無宗）もひろがりました。普化宗は、唐の禅僧普化を開祖とし、尺八の吹鳴による禅を伝えています。鎌倉時代に、下総国小金の一月寺と京都の明暗寺の二派にわかれ、室町時代には、尺八をたずさえて行脚する虚無僧がふえました。江戸幕府は普化宗を保護し、虚無僧を武士に限るとともに、自由な旅を許しました。そのため牢人で虚無僧になる者が続出し、江戸中期には、普化宗は一八派、一四〇カ寺に発展しましたが、弊害も大きく、幕府は普化宗を禁止して、虚無僧を臨済宗に所属させました。

幕府は、神道にたいしても、仏教につぐ国教として、神道家元の吉田家をつうじて統制をくわえるとともに、社領を保障して保護をあたえました。神社のほとんどは仏教に従属する地位におかれ、有力な神社では、別当寺が実権をにぎっていました。神職の家族でも、寺院の檀信徒となるきまりでしたが、江戸後期には、神社の主導権をめぐって神職と僧侶の抗争が続発するようになりました。しかし、数のうえで神社の大半をしめる氏神、鎮守、産土などとよばれる地縁的な小神社は、村の宗教として集落の祭りを行ない、祖霊をまつる家の宗教として定着した寺院と、それぞれ役割を分担して共存していました。

島原の乱とかくれキリシタン　幕府のキリシタン禁止によって、全国各地でおおくの信者が捕えられ、きびしい拷問によって棄教をせまられました。こうして一六一九（元和五）年、京都で六〇余人のキリシタンが火刑となったのをはじめ、信仰を守って殉教する教職者、信者が続出しました。一六二八（寛永五）年からは、信者の多い長崎で、キリシタンではないことを証明させるために、疑わしい者にキリストや聖母マリアの像を浮き彫りにした板絵を踏ませる「踏み絵」がはじまり、毎年の行事となりました。

一六三七（寛永一四）年、キリシタンの拠点であった九州の島原半島と天草で農民を主力とする反乱が起こりました。島原はキリシタン嫌いと暴政で聞こえた松倉氏の領地で、年貢がきびしいうえに重税をつぎつぎにとりたて、年貢を出せない農民を拷問にかけ、手足をしばってミノで巻いて焼き殺すというひどい有様でした。キリシタンは捕えられ、雲仙岳の硫黄のたぎる谷に投げこまれたり、海に沈められたと伝えられます。天草は、ころびキリシタン（棄教した旧信者）の寺沢氏の領地で、農漁民をきびしく収奪し、島原と同じようにキリシタンの弾圧に力をいれていました。

圧政に耐えかねた島原、天草の庄屋たちは、この地に落ちのびていた関ヶ原や大坂の陣の生き残りの牢人たちと、ひそかに挙兵の談合を重ねました。かれらは、宇土に隠れ住む小西行長の遺臣益田好次を仲間にひき入れ、その子（甥ともいう）の益田時貞（天草四郎、一六二一―三八）こそ救世の天使であり、さまざまな奇蹟をあらわしているとの流言を、農民の間にひろめました。

時貞は、このとき一六歳でしたが、たぐいまれな美少年で、しかも賢く、長崎に学んでキリシタンとなりました。折から、島原の口之津村で、妊娠中の農家の主婦が、年貢未進のかどで水責めにあって殺され、あまりの非道に怒った農民たちは、代官屋敷を襲いました。南有馬村でも、キリシタンの集会に踏みこんだ代官を、農民がスキやクワで打ち殺し、ついに島原一帯で農民がいっせいに蜂起しました。天草でも、農民が武装してたち上がりました。島原と天草の農民軍は、天草四郎と名のる時貞を総大将に仰ぎました。

牢人たちと村の支配層が指揮する農民軍は、島原では島原城を攻め、天草では要害の富岡城に押し寄せました。しかし、富岡城は落ちず、やむなく天草勢は、大挙して海を渡って島原勢と合流し、有明海にのぞむ原の古城に立てこもりました。農民軍は、はじめ長崎を抑え、全九州を平定する計画でしたが、家族ぐるみで全兵力四万にちかい大軍の結束を守るために、あえて籠城戦を選んだのです。

幕府は、島原、天草の農民の大反乱にたいして、板倉重昌を上使とし、九州諸藩の連合征討軍を編成して原城をかこみました。原城の本丸には、巨大な木の十字架が立ち、城内には十字架や聖像をえがいた旗が林立し、時おり「ぜすす、まりあ」のときの声があがりました。農民たちの中には、キリシタンも仏教信者もいましたが、意気さかんに征討軍を迎え撃ち、年を越した元日の総攻撃で、板倉重昌は戦死しました。

攻めあぐんだ征討軍は、知恵伊豆とよばれる正使松平信綱の案で、平戸のオランダ商館長に命じて、オランダ艦に海上から原城を砲撃させました。農民軍は矢文で、「日本中に立派な武人はいくらでもあろうものを、オランダ人の加勢を求めるとは何ということだ」と罵り、信綱は敵味方から国辱と非難されて、砲撃を中止しました。征討軍は一二万四〇〇〇余の大軍で原城を完全に包囲しましたが、農民軍は草や泥を食べて飢えをしのぎ、結束して戦いつづけました。籠城は三カ月ちかくに及び、餓死寸前の農民軍に、征討軍は最後の総攻撃をかけました。征討軍は、必死の抵抗にあって八〇〇〇余の死傷者を出しながら、天草四郎以下三万七〇〇〇余の農民軍を殺し、島原の乱は鎮圧されました。

島原城主の松倉勝家は、失政のかどで斬罪となり、寺沢堅高は天草四万石の所領を没収されて自殺しました。幕府は、島原の乱をキリシタンの日本侵略の陰謀であると宣伝し、一六四一（寛永一八）年、完全な鎖国を実施しました。ローマ法王庁では、島原の乱が武力による反乱であったことを理由に、キリシタン農民たちの死を殉教とは認めませんでした。

幕府は、島原の乱の鎮定後、宗門改めの制度をつくり、切支丹奉行をおいて、キリシタン弾圧をさらに強化しました。信者の検挙、処刑があいつぎ、棄教者も続出しました。鎖国下の日本に潜入したイタリア人宣教師ジュセッペ・キアリは、捕えられ拷問に耐えかねて棄教し、岡本三右衛門と名のってキリシタン弾圧に尽力しました。幕府と諸藩は賞金つきで密告を奨励し、民衆に「邪宗門」キリシタンの恐ろしさを宣伝しました。こうして一七世紀末には、日本全土の表面から、キリシタンは、まったく姿を消しました。

しかし、蝦夷地(えぞち)をふくむ全国の各地には、キリシタンが潜伏し、キリシタンがさかんだった九州北西部の農漁村では、キリシタンの組が村落共同体の組織として生きつづけ、ひそかに信仰が守られました。これを、かくれキリシタンといいます。かくれキリシタンは、辺地や島で、共同体の宗教として、二〇〇年以上ものあいだ、いく世代にもわたって、受けつがれましたが、禁教によって教会の指導から切り離されてしまったため、孤立して教義と儀礼を伝えることになりました。そのためかくれキリシタンは、時とともに本来のカトリックから遠ざかって、来世の救済、祖先崇拝、現世利益信仰などを中心とする独自の宗教となっていき、氏神信仰と結びついた例もみられます。

かくれキリシタンには、納戸神(なんどがみ)とよばれる日本化した掛図の聖像を礼拝する平戸、生月(いきづき)一帯の系統と、日繰帳(ひぐりちょう)とよばれる祝祭暦を信仰の拠りどころとする、西彼杵(にしそのぎ)半島の外海(そとめ)地方と五島列島の系統とがあります。信者たちは、表面は寺院の檀信徒、氏神の氏子を装い、葬式も仏葬のあと、仏葬を無効にする儀礼をしてから、キリシタンの葬式をしました。信者たちはじぶんたちを「善か人(よかびと)」とよび、代々、「七代たてば善か代(よかよ)になる」と言い伝え、「沖に来るのはパーパ（法王）の船よ」と歌って、キリシタン解禁の日を待ち望んでいました。こうして幕末まで、かくれキリシタンは、何回もの弾圧をくぐりぬけて生きつづけましたが、この間に、口伝えで伝えられたラテン語の祈りのことばや教会用語は、ほとんど意味のわからない呪文のようになってしまいました。

2　幕藩制社会の宗教

儒家神道　室町時代の儒教は、禅儒一致、神儒仏一体とされ、おもに禅僧によって学ばれていましたが、五山文化の衰えとともに、儒教の独立が唱えられるようになりました。臨済僧出身の藤原惺窩（一五六一—一六一九）は、僧形をやめて髪をのばし、儒服を身につけて、はじめて形のうえで儒教の独立を示しました。江戸幕府は、一六〇七（慶長一二）年、朱子学を官学として採用し、惺窩の弟子の林羅山（一五八三—一六五七）を儒官としました。

一六三二（寛永九）年、江戸の上野忍岡の林家の塾に聖堂（孔子廟）が設けられました。林家は、大学頭を世襲し、一六九〇（元禄三）年、聖堂は神田湯島に移されて学問所が置かれ、のち官学（幕府の学校）の昌平坂学問所となりました。幕府が、儒教を政治の指導原理とし、その振興につとめると、諸藩も聖堂をつくり、儒教の藩校をつくりました。こうして儒教は、江戸時代をつうじて、士農工商の身分秩序、忠孝の倫理、家父長制の家族道徳をささえる教えとして、武士層に普及し、さらに民衆の間への浸透が図られましたが、民衆の生活に、ふかく根をおろすにはいたりませんでした。儒教の普及とともに、官学の朱子学にたいして、民間からは陽明学派、古学派、折衷学派などの流派があらわれ発展しました。

儒教がさかんになるとともに、もともと儒教との結びつきが深かった神道では、儒者と神道家によって、つぎつぎに神儒習合の神道説が唱えられるようになりました。林羅山は、キリシタンと仏教をしりぞけて、神道は王道であるとし、敬をもって神に対するという独自の神道を唱え、林家によって代々、受けつがれました。陽明学者の熊沢蕃山は、神明の本体を王陽明がいう良知であるとする神道説をたてました。

神道家の間からは、神儒習合の神道説として、度会、吉川、垂加などの諸流が起こりました。度会神道は、江戸中期に、伊勢神宮外宮の権禰宜の出口（度会）延佳（一六一五—九〇）が唱えた神道説で、伊勢神道から仏教を排除し、易と儒教の理気説をとりいれて、神の心と自己が一体となった神人となる道を説き、新しい伊勢神道として民衆の間にひろめました。吉田神道から出た吉川惟足（一六一六—九四）は、一般の神社の神道を行法神道とよんで批判し、天下を治める理学神道として吉川神道を唱え、君臣の道として「神籬磐境の伝」を説いて、儒教倫理を鼓吹しました。惟足は、もと江戸の魚商でしたが、神道家となって有力な大名の信任をえて、幕府の神道方に登用されました。大名の徳川頼宣、前田綱紀、保科正之らは、惟足の門人となり、藩内に吉川神道を普及しました。

度会、吉川など各流の伝授をうけた神道家の山崎闇斎（一六一八—八二）は、儒家神道の集大成とされる垂加神道をひらき、垂加流はもっとも有力な神道説として神道界に大きな影響をおよぼしました。闇斎は、京都妙心寺の禅僧から朱子学者に転じ、のち神道家となって、一六五五（明暦元）年、京都で塾をひらき、多くの門人に教えました。垂加とは神垂冥加の意味で、闇斎の号です。

垂加神道は、儒教の理気説を中心に陰陽五行説をもとりいれており、「漢学の神道」とよばれるほど儒教色のつよい神道説でした。闇斎は、神は天地の心であり、「理」の「気」によって動くとし、神と人の合一を説きました。垂加神道では、アメノミナカヌシノカミは天地を主宰し万物を育てる神であり、生知安行の聖人アマテラスオオミカミと学知の聖人サルタビコオオカミの道が神道であるとして、天皇崇拝を強調し、大義名分と忠の封建倫理を説きました。また「土金の伝」として、天地、陰陽、人道はすべて土と金から生ずると説き、金は土のしまったものであるから、土金は「つちしまる」「つつしむ」「敬」であり、土があればかならず金があり、人体は土で、人はつつしめば金が生じると教えました。このような語呂あわせを用いた通俗的な教義解釈は、垂加神道の普及に大きな力となり、やがて心学や民間の諸宗教の布教でも、さかんに用いられました。

王城の地京都で天皇崇拝を説いた垂加神道の流れからは、尊王家が輩出して天皇中心の神道を説きました。闇斎の門人で、幕府最初の天文方となった渋川春海（安井算哲、一六三九―一七一五）は、誤りの多いそれまでの中国暦（宣明暦）にかわる最初の日本製の暦として貞享暦をつくりました。また春海は、古代以来、作暦をつかさどってきた陰陽頭の土御門（安倍）家の神道を理論的に整え、安倍泰福（一六五五―一七一七）によって、泰山府君を主神とする陰陽道系の土御門（天社、安家）神道がひらかれました。

現世利益信仰の流行　幕藩制のもとで、仏教と神道は、幕府と諸藩のきびしい統制とひきかえに、国教として保護され、安定した地位を保障されました。民衆の間では、開運、商売繁昌、家内安全、病気なおし、厄よけなどの現世利益信仰が流行し、現世利益神をまつる寺院、神社がにぎわいました。民間では、山伏、みこをはじめ、聖、願人坊主、陰陽師、祈禱師、易者などのさまざまな宗教者が民衆の生活に密着して、現世利益のもとめにこたえて呪術、シャマニズムの腕をきそいました。みこは、梓弓を鳴らしたり、鈴を振って神がかりし、神のことばや生霊、死霊のことばを告げました。キツネや飯縄（イタチの類）など神秘的な力をもつとされる霊獣をつかう呪術者や、宗教的な芸能をもち歩く遊芸者も、さかんに活動しました。

さまざまな現世利益神が祀られ、民衆の信仰を集めるとともに、それぞれの神の効験の種類もさだまっていきました。とくに流行した現世利益神には、稲荷、観音、地蔵、金毘羅、不動をはじめ、恵比寿、大黒天、弁天などの福神があります。

稲荷は、奈良時代にはじまる京都の伏見稲荷の祭神ウカノミタマノカミと仏教の吒枳尼天が習合した神で、江戸時代をつうじて、もっともひろく信仰された現世利益神でした。伏見の稲荷神社は、もともと渡来民の秦氏の氏神でしたが、近くにあった田の神の社をとりいれて、イネの穀霊に由来するウカノミタマノカミを祭神としました。平安時代に、稲荷神社は真言宗と結びつき、密教では、稲荷と吒枳尼天を同じ神としました。吒枳尼天は、インドの神で、神秘的な自在の力をもち、半年前に人の死を知り、その心臓をとり出して食うとされ、のち仏教の守護神となりました。平安後期には、稲荷の本体はキツネと信じられるようになり、やがて稲荷信仰の普及とともに、キツネは稲荷の神使とされました。室町時代には、商工業の発展とともに、都市で福徳の神として稲荷がさかんに祀られました。稲荷は正一位(しょういちい)という最高の神階をもつとされ、江戸時代には、町々に赤い鳥居と社殿をそなえ、「正一位稲荷大明神(だいみょうじん)」の幟(のぼり)を立てた稲荷の社が、おびただしくつくられました。

金毘羅は、海上交通の安全を守り福徳をもたらす神として、ひろい信仰を集めました。金毘羅は、インドの神で、ガンジス河にすむワニを神格化した神とされ、仏教に守護神としてとりいれられました。平安時代に、讃岐国の天台宗松尾寺で、伽藍(がらん)の守護神として金毘羅が祀られ、やがて金毘羅大権現として信仰されるようになりました。中世には、讃岐の金毘羅は、瀬戸内海の塩飽(しあく)水軍をはじめ舟乗りたちから、海上守護、海難救助の神としてさかんに信仰されました。江戸時代には、農民、商工民の間で、現世利益神として迎えられ、諸国で講がつくられて、金毘羅詣(まい)りが流行しました。金毘羅は、オオモノヌシノカミ、スサノオノミコト、讃岐国に流されて没した崇徳(すとく)天皇などともされました。

不動も、つよい霊威をもつ現世利益神として信仰されました。不動は、インドの神で、密教にとりいれられて、大日仏(だいにちぶつ)の使者または化身(けしん)とされました。日本では、真言宗をはじめ修験道(しゅげんどう)でも重んじられ、不動が独立して信仰の対象となりました。不動は、怒りの相をそなえた青年の姿をしており、手に剣と索をもっています。不動の霊場の中でも、とくに下総国の真言宗新勝寺は、成田山の不動として江戸の町民の間でひろく信仰されました。江戸では出開帳が人気をよび、成田詣でもさかんになりました。

福神では、古代以来の弁天（弁財天）、中世にひろがった大黒天、恵比寿（夷、戎）の信仰を受けついで、江戸時代には、七福神の信仰が流行しました。弁天は、インドの知恵、音楽、財物の女神で、日本ではイチキジマヒメノミコトとされ、琵琶湖の竹生島、東北の金華山、安芸国の宮島（厳島）、江戸上野の不忍などに祀られました。大黒天はインドの神で、天台宗によって日本に伝えられ、台所の神となりました。鎌倉時代には、大黒天はオオクニヌシノミコト（大国主命、ダイコク）と習合し、台所、食物の神から福神となりました。恵比寿は、日本の神で、コトシロヌシノカミ、蛭子ともされます。この名は、もともと異国人の意味で、この神が、外から訪れる神、海中から出現する神、海岸に漂着する神とされたことに由来します。古くから漁業神でしたが、やがて現世利益神となり、摂津国の西宮神社を本拠に、大黒天と一対の福神として信仰されました。

七福神は、弁天、大黒天、恵比寿に、毘沙門天、布袋、福禄寿、寿老人の四神をくわえたものです。毘沙門天は、四天王のひとりで、仏の厨子を守る武神とされ、天台宗でひろく信仰されましたが、福神にくわえられた理由ははっきりしません。布袋は、実在の中国僧で、弥勒の化身といわれ、つねに笑みをたたえ、大きな袋に家財などを入れてもち歩いたと伝えられます。福禄寿と寿老人は、道教の神で、ともに神仙の姿をしています。福禄寿とは、道教が説く万人の求める理想で、子孫の繁栄、財宝、長寿のことです。このように、日本、インド、中国の神々をあわせた七福神は、海の彼方から宝船にのりあわせておとずれてくると信じられ、宝船の絵を正月二日に枕の下に入れて眠ると、「一富士、二鷹、三茄子」のめでたい初夢がみられるとされました。

江戸時代には、世界最大の都市に発展した江戸では、華美な祭礼が群衆をあつめ、江戸城の鎮守神の日枝山王（日枝神社）、平将門を祀る神田明神、将軍家の産土神の根津権現の祭礼は、江戸の三大祭りとよばれました。商業と交通の発達とともに、寺社、霊場への参詣や巡礼もさかんとなり、各地に巡拝の札所がつくられました。

全国的なひろがりをもつ伊勢信仰はとくにさかんで、周期的に集団的な参宮が流行し、おかげまいり、ぬけまいりとよばれました。この名は、伊勢の神の神徳のおかげで、日常の規制をぬけだして参宮をはたすという意味です。集団の参宮は、中世末から伊勢講を基盤として起こり、江戸時代には、宝永（一七〇五年）、明和（一七七一年）、文政・天保（一八三〇年）の三回がとくに大がかりでした。明和のおかげまいりは二〇〇万人余、文政・天保のそれは五〇〇万人余と伝えられ、東北と真宗のさかんな地方をのぞいて、ほとんど全国から老若男女が伊勢に押しよせました。神札が天から降ったとして、村々でおかげ踊りがはじまり、主婦も子どもも雇い人も街道にあふれだし、歌い踊りながら伊勢へとむかったのです。沿道には施行所がつくられ、参宮の人びとは封建支配の秩序を無視して旅をつづけましたが、支配者側は、この騒ぎを、きびしい封建支配の安全弁とみなして静観し、かえって参宮の便宜をはかりました。

幕府倒壊前夜の一八六七（慶応三）年には、天から伊勢神宮などの神札が降ったとして、各地で民衆が、アマテラスオオミカミの神徳で世が変わると狂喜して踊りまわる、ええじゃないか騒動が起こりました。

富士と木曽御岳の信仰　江戸時代には、東北の出羽三山、関東の三峰、相州大山、中部の富士、木曽御岳、戸隠、四国の石鎚、九州の彦山、霧島などの山岳信仰の講が発達し、霊場への登拝がさかんになりました。これらの山岳信仰の講は、先達の山伏にひきいられる農民、商工民の自主的な組織でした。

山岳信仰のなかで、富士信仰と木曽御岳信仰は、江戸後期にめざましい発展をとげました。富士山は、古くから山神コノハナサクヤヒメノミコトの住処として信仰されていました。中世には、修験道の霊場となって登拝する者がふえ、台密系の村山三坊が栄えました。戦国時代に、長崎の武士の出身といわれる長谷川角行（一五四一―一六四六）が出て、関東で布教し、講を組織して、富士講の開山と仰がれました。角行は、富士の神の仙元（浅間）大日を、万物の根元、天地の創造主であるとし、神の身からぬけ出したことばとして、異体の漢字をつらねた「お身抜き」をつくり、神体としました。角行は、富士信仰によって、天下の泰平と一家の繁栄が得られ、病苦が退散すると説きましたが、その教えには、キリシタンの影響があるともいわれています。

富士講は、江戸の町民の間にひろがり、江戸中期に身禄派と光清派にわかれました。身禄派をひらいたのは、江戸の油商の伊藤食行身禄（一六七一―一七三三）で、富士の神を米と農事の時を授ける万物の祖神とし、これまでの富士講の加持祈禱中心のあり方を批判し、講中に「半日は家業に精出し、半日は神に勤めよ」と説いて、信仰の内面化につとめました。食行は、油の行商をしながら江戸市中で熱心に布教し、民衆の救済を唱えて、みずから救世主弥勒を意味する身禄を名のったことから、人びとは「乞食身禄、気違い身禄」とよびました。食行は、享保の大ききんにつづいて、江戸で最初の打ちこわしが起こった享保改革の末期に、教えが世に行なわれないことをなげいて、富士山の烏帽子岩で入定しました。食行は、講中から身禄菩薩と仰がれ、身禄派は、修法中心で修験道そのままの光清派を圧倒してひろがりました。身禄派をついだ伊藤参行は、四民の平等を唱え、富士に登拝して山荒れに会うのを信仰がたりないためと怖れる信者にたいして、山荒れと信仰とは関係があるべきはずはないと説いて、信仰の合理化につとめました。

天保年間（一八三〇―四四）には、富士講は、江戸の商人、職人の組織として、「江戸八百八講」といわれるほど栄えました。江戸の神社などの境内には、富士山から運んできた岩で小さい富士がさかんに築かれ、登拝の行事が行なわれました。幕末、身禄派をついだ武蔵国鳩ヶ谷の商人小谷禄行三志（一七六五―一八四一）は、江戸の近郊をはじめ全国各地の農村をめぐって、実践道徳中心の不二道を唱えました。不二道は、二宮尊徳（一七八七―一八五六）の報徳思想につよい影響をあたえました。

幕府は、富士講が、神儒仏いずれともつかない教えを説き、民衆の自主的な組織として発展しつつあることを危険視して、しばしば禁令を下しました。一八四九（嘉永二）年、不二道の信者が信仰の公認と政治の改革を求めて直訴したのを機に、幕府は、富士講と不二道をきびしく禁止しました。明治維新後、不二道は実行教を形成し、大半の富士講は扶桑教をつくりました。

富士信仰と並んで、江戸後期に木曽御岳信仰が発展し、江戸をはじめ、江戸からの登拝路にあたる中山道ぞい農村で、御岳講がつぎつぎに組織されました。木曽御岳への入山は、ヒノキ材を独占する尾張藩によって禁止されていましたが、尾張国の僧覚明（一七一八―八六）は、禁をおかして奥宮に登拝して黒沢口をひらき、つづいて武蔵国秩父の本山派の山伏普寛（一七三二―一八〇一）が王滝口をひらいて、登拝する者がしだいにふえました。覚明は古制の百日行を廃して信仰を民衆に解放し、普寛は江戸で講を組織して、没後、ともに講祖と仰がれ、霊神として祀られました。

江戸では、木曽御岳の神は、火防の効験でひろい信仰を集めました。つづいて一心、一山ら著名な行者が出て、江戸と北関東で多数の講を組織しました。一心の布教は幕府の疑いを招き、捕えられ遠島ときまってほどなく牢死しました。富士講が江戸の町民を基盤に独自の教義を展開したのにたいして、御岳講は、修験道の祈禱と修法を中心とする組織で、独自の教義は育ちませんでした。明治維新後、御岳講は御岳教を形成しました。

尊王思想と復古神道　朝廷の勢威は、室町時代には見るかげもなく衰え、財政難のため、毎年の新嘗祭も、即位にともなう大嘗祭も行なわれなくなりました。しかし、織豊政権とこれにつづく江戸幕府は、全国統一のために、天皇の古代的権威をふたたびもりたて、政治支配を正当化し根拠づけました。幕府は、天皇に、叙位叙任、元号の制定、作暦などの名目上の権限は認めましたが、天皇、皇族、公卿の行動をきびしく規制し、政治上の実権をもつことを許しませんでした。江戸中期には、幕府は幕藩支配を強化し安定させるために、朝幕の関係の融和をはかり、宮中の祭祀を復興しました。幕府の献金によって、一六八七（貞享四）年、東山天皇の即位にともなう大嘗祭が復興され、一日だけの簡略な形式で祭典が行なわれました。つづいて翌年、同じく幕府の援助で、新嘗祭が復興されました。このおりの新嘗祭は、神祇官代の吉田家で行なわれ、天皇のもとから神饌が供進されましたが、のち桜町天皇の一七四〇（元文五）年から、天皇の親祭による旧儀にほぼもどりました。大嘗祭も新嘗祭も、応仁の乱の時期から、挙行の記録がはっきりせず、二二〇年以上もの間、とりやめられていたといわれます。

天皇の宗教的権威の復活が進むとともに、天皇への尊崇を強調することによって幕府の権威をたかめようとする尊王擁幕の思想がさかんになりました。水戸藩主徳川光圀の『大日本史』の編纂事業を軸に発展した水戸学は、儒教と神道をとりいれて、尊王の大義名分を唱えました。光圀は、南朝の武将楠木正成が戦死した兵庫湊川の地に、「嗚呼忠臣楠氏之墓」の碑を建てて、正成を顕彰しました。垂加神道も、尊王を強調し、その流れから竹内式部ら尊王運動に投ずる神道家がつぎつぎに出ました。朝廷と直結する神祇伯の白川家では、江戸中期に白川神道を体系化し、幕府と結ぶ吉田神道に対抗して、勢力の挽回にのりだしました。

江戸中期には、儒教における古学派の隆盛に刺激されて、日本古典の研究がさかんになり、国学が生まれました。国学の流れには、荷田春満、賀茂真淵、本居宣長（一七三〇—一八〇一）らが出て、儒教、仏教による日本古典の解釈を批判し、古典にこめられている日本の精神をもとめました。『古事記伝』をあらわした宣長は、人間のさかしらを排して、神にたいする絶対の信仰を説き、神の道、天皇の道をすなおに受けいれることが人間の道であると説きました。

つづいて、みずから宣長の没後の門人を称した平田篤胤（一七七六—一八四三）が出て、独自の国学と復古神道を唱えました。篤胤は秋田藩士の子で、脱藩して江戸で苦学し、二五歳で備中松山藩士の平田氏の養嗣子となりました。篤胤は国学の正統の継承者を自負し、塾をひらいて五五〇余人にのぼる門人に教え、精力的におびただしい著作を世に問いました。

篤胤の論考は、日本の古代を中心に、インド、中国に及び、ひそかにキリスト教も研究しました。その文章は、やさしい口語体で、身近なたとえや卑近な説明を存分につかって、仏教、儒教をはじめ、神仏、神儒の習合神道、蘭学などをはげしく攻撃しました。その代表的な著作には、古道を神の道とする『古道大意』と『古史成文』、死後の世界の安心を説いた『霊能真柱』などがあり、また民俗研究の先駆者でもありました。

篤胤は、容赦ない批判攻撃によって、多くの学者、文人を敵にまわしました。一八四一（天保一二）年、篤胤は幕府は著書をとがめられて、著作を禁止され、帰国を命じられました。篤胤は、秋田に退いて二年後に病没しましたが、当時のきまりで、その遺体は仏教で葬られねばなりませんでした。

復古神道では、アメノミナカヌシノカミを宇宙万物の創造神、主宰神とし、世界は顕（現世）と幽（死後の世界）から成っているとします。幽（幽冥界）はオオクニヌシノカミがつかさどる霊魂の世界で、神の心がそのまま行なわれる理想の世界とされます。祖先をまつる孝道は、そのまま神への崇敬、天皇への忠であり、天皇は『古事記』『日本書紀』をはじめとする古典を根拠に絶対化されます。天皇を中心とする日本の国体を明らかにすることこそ、現実の世界で神の道を明らかにし実践する道に他ならないというのです。篤胤は、人が神の道を心おきなく実践するためには、死後の霊魂の行くえが明らかにされなければならないとして、幽冥界を重んじました。人は死語に幽冥界におもむき、生前の行為についてオオクニヌシノカミの審判を受けたのち、その霊魂は神となって永遠に生きつづけるとされます。篤胤は、霊魂と死後の世界を重視することで、神道を実践と救済の宗教として集大成しようとしたのです。篤胤は、真宗と日蓮宗を「神敵二宗」ときめつけるなど、他の宗教と思想をきびしく排撃しましたが、その視野はけっして偏狭ではなく、仏教、儒教、キリスト教などをひろく学んで、復古神道の教義にとりいれました。

篤胤は、独自の神葬祭（神道式の葬式）の儀礼や祝詞をつくりましたが、その没後、復古神道は宗教としての内容がととのわないまま、明治維新の変革を迎えました。復古神道、平田国学は、幕末、倒幕王政復古の実践的な理論として、諸藩の下級武士、神職、地主、在郷商人などにひろく迎えられ、その没後の門人は一三三〇人に達しました。平田国学の思想的影響は拡大の一途をたどり、石見国の津和野藩など、藩学に国学を採用する藩も現われました。復古を絶対化した排他的な神道説である復古神道は、神道説としては異端的な存在でしたが、天皇の古代的権威による日本の中央集権的再統一をめざす、王政復古の政治運動を、思想的に基礎づける役割をはたすことで、国学をとりいれて尊王思想を鼓吹した後期水戸学とともに、明治維新の指導原理となりました。

如来教・黒住教　現世利益信仰の流行とともに、おびただしい神仏は、それぞれ特定の効験を受けもっており、人間と同じような感情をもち、人間と約束をしたり取り引きをする存在とされるようになりました。このように神仏の擬人化が進むと、生前にみずから味わった病気などの苦しみを、死後、神となって救うという痔の自雲霊神をはじめ、さまざまな霊神が現われ、民衆の信仰を集めました。江戸後期には、みこ、行者などの職業的なシャマンにとどまらず、ふつうの人が神がかりして、みずから生き神と名のり、民衆の現世利益の求めにこたえる生き神信仰がさかんになりました。これらの生き神のなかから、独自のまとまった教えを説いて民衆を組織する創唱者（教祖）が現われ、江戸後期から幕末には、如来教、黒住教、天理教、金光教などの創唱宗教があいついで成立しました。これらの新しい宗教は、幕藩制支配が行きづまり解体にむかう時期に、習合神道を基盤に、病気なおしなどの現世利益をつうじて民衆に救済を約束し、封建社会の宗教には求められなかった人間本位の信仰を説いて、広範な農民、商工民の心をとらえました。

如来教は、幕末維新の時期にあいついで成立した創唱宗教の先駆で、尾張国熱田のまずしい農村婦人の一尊如来きの（一七五六―一八二六）が、一八〇二（享和二）年、神がかりしてひらきました。きのは、孤児にちかい生いたちで、一三歳から四〇歳までの前半生を、名古屋城下で女中奉公をして過ごしました。きのは、帰郷して農業とささやかな商いで生計を立てましたが、四七歳のとき、とつぜん神がかりとなり、金毘羅大権現が天降ったとして、教えを説きはじめました。

金毘羅は、天にある全知全能の創造主「如来」が、慈悲の心から末法の民衆を救うためにつかわした使者で、きのの口をつうじて、如来の教えのすべてが、はじめて説き明かされるというのです。きのは、すべての人間は、目には見えないが、身体に恐ろしい角が生えている悪の種であり、如来の慈悲にすがることによってのみ、死後、極楽に往生できると説きました。きのは、如来の前では、すべての人間は、身分も男女の別もなく平等であると説いて、まずしい民衆の救済を求めつづけ、あらゆる人間の罪を一身にひきうけると遺言して、七〇年の生涯を閉じました。

きのの二五年間にわたる説教には、金毘羅信仰と日蓮教学のつよい影響がみられます。きのの説教の主要なものは、五名の尾張藩士の信者によって、その場でくわしく記録され、「お経様」三〇〇余編としてこんにちに伝えられました。如来教は、尾張と江戸を中心に一万をこえる信者をつくりましたが、きのの没後、尾張藩の弾圧にあい、明治維新後は、曹洞宗に属しました。

つづいて一八一四（文化一一）年、岡山近郊にある岡山城の鎮守、今村宮の禰宜黒住宗忠（一七八〇―一八五〇）が、黒住教をひらきました。宗忠は、孝心のあつい人でしたが、三五歳で両親を流行病で失い、悲しみのあまり重病になりました。ついに死期をさとった宗忠は、太陽を拝して、日の神・天照太神と合一するという神秘的な体験をし、天照太神の信仰を説きはじめました。宗忠は、はげしい修行を重ね、祈念禁厭をつうじて、はじめ岡山藩士の間に信者をつくり、やがて地主、商工民の信者もふえました。黒住教では、天照太神を宇宙を創造し万物を育てる神とし、人はこの神の分霊で平等であり、すべてを神にまかせ、朝日を拝し陽気を吸う修行をすれば、神と一体となり、健康をたもち家業が栄えるとします。宗忠は、生活訓として、まこと、勤勉、無我、秩序への随順などを説きました。宗忠の没後、黒住教は岡山藩の圧迫を受けましたが、門人の赤木忠春らは、京都に進出して公卿などの信者をつくり、神楽岡に宗忠神社を創建しました。吉田神道に対抗する意味もあって、吉田神社の隣りにつくられた宗忠神社は、ほどなく勅願所となり、尊王運動の拠点のひとつとなりました。幕末、黒住教は、信者一〇万と称する有力な宗教に発展し、明治維新をへて、一八七六（明治九）年、教派神道の最初の独立教派として公認されました。

幕末には、四民の平等を唱える井上正鉄（一七九〇―一八四九）の吐菩加美神道、梅辻（賀茂）規清の烏伝神道などの民衆的な神道説が現われ、幕政を批判したという理由で弾圧されました。正鉄は、白川神道から出た神道家で、医術をよくし、江戸で大名、武士から町人にいたる多数の門人をつくって教えを説きましたが、幕府の衰亡を予見したとして、三宅島に流されて没しました。明治維新後、正鉄の門人たちは禊教をつくりました。

天理教・金光教　一八三八年（天保九）、北大和の農村婦人の中山みき（一七九八―一八八七）が、神がかりして天理教をひらきました。みきは、商人化した地主の妻で、毎日を農事、商取り引き、家事、育児に追われ、家庭的な悩みからの救いを念仏に求めていました。四一歳のとき、みきは長男の病気を治すために招いた山伏の加持台となって、はげしい神がかりに陥り、みずから天の将軍、元の神・実の神、大神宮であると名のり、あらゆる人間の救済のために天降ったと宣言しました。

こののち、中山家は没落の一途をたどり、みきは、幕末の安政年間（一八五四―五九）から、出産のたすけと病気なおしをつうじて、親神の教えを説くようになりました。みきは、親神を「てんりんおう」とよび、近在の農民、職人の信者を集めて講をつくりました。この神名は、十王信仰の転輪王からきているようです。みきの布教は、寺院、神社、山伏などの圧迫を受けましたが、これに対抗するため、吉田家の公認を得て、最初の教典「みかぐらうた」をつくりました。「みかぐらうた」は、倒幕前夜の激動期に、民衆の間で高まっていた世直し待望の雰囲気を反映して、親神によって不思議なたすけがあたえられ、病いも難儀も不自由もない、陽気ずくめのこの世の極楽が実現するとしています。

明治維新後、天理教は大阪に進出し、みきは「おふでさき」をつくって教義を展開しました。天理教では、天理王命（てんりおうのみこと）を人間世界を創造した親神とし、創造の聖地を中山家の屋敷の土地とします。親神は、時、人、所の三つの因縁によって、みきを神の社（やしろ）として天降り、世界を救済するとされ、あらゆる人間に、平和でゆたかな陽気ぐらしが約束されます。人間は、欲などの八つの埃（ほこり）（悪い心）を去り、じぶんの身体は神の貸しもの、神からの借りものであることを知って、ひたむきに信仰すれば健康で幸福になるとしています。

天理教は、明治前期に、現世中心、人間本位の救済の宗教として、めざましい発展をとげました。その教えは、人間はみな神の子として平等な兄弟であり、死は「出直し」にすぎず、家は夫婦が中心であるとし、祖霊崇拝や家父長制の家族道徳を否定していました。国家神道がつくられていく過程で、天理教は、くりかえしはげしい弾圧を受けましたが、みきは、高山（たかやま）（権力者）の没落と谷底（たにそこ）（民衆）のせり上げを予言し、独自の創造神話「こふき」（泥海古記（どろうみこうき））をまとめました。「こふき」は、親神が泥の海から人間を創造し、人間のために世界をつくったと説き、人間が陽気ぐらしを楽しむのを見たいという親神の願いから人間世界が創造されたとする、どこまでも人間本位の神話でした。

みきは、前後一八回も検挙され、弾圧のさなかで多難な九〇年の生涯を終わりました。みきは遺言で、信仰は、あらゆる政治権力や法律を超えると教えましたが、みき没後の天理教は、国家神道に従属して、弾圧を免れて活動を合法化する道を歩み、一九〇八（明治四一）年、教派神道の最後の独立教派として公認されました。

天理教につづいて、幕末の一八五九（安政六）年、備中国の農民金光大神（こんこうだいじん）（川手（かわて）文治郎、赤沢文治、一八一四―八三）が、金光教をひらきました。金光は、生まれつき信心ぶかく、勤勉な農民でしたが、四二歳の厄年（やくどし）に大病をわずらい、恐ろしい金神（こんじん）の祟りと信じて怖れました。そののちも、家庭内で不幸がつづきましたが、金光は金神信仰を深め、誠実勤勉に生きる者を神が苦しめるはずはなく、金神は、じつは天地の祖神（おやがみ）で愛の神の天地金乃神（てんちかねのかみ）であるという確信に到達しました。金光は、神から「立教神伝」を受けたとして、四六歳で隠居し、天地金乃神の信仰を、こののち二五年間にわたって説きつづけました。金光は、自宅を神殿とし、来る日も来る日も、神前にほとんど坐りつづけて、訪れる信者に神のことばを取り次ぎ、農事、生活などの相談をつうじて、信仰に立つ正しい生き方を説きました。

金光教では、天地金乃神を天地の祖神とし、人間はすべて神の氏子で平等であるとします。神と氏子は、たがいに助けあう関係にあり、人間は欲を去って実意丁寧に信仰し、家業に励めば、神からおかげ（現世利益（げんぜりやく））を受けることができるとされます。金光教の布教は、児島五流（こじまごりゅう）の山伏や天領笠岡（かさおか）の代官の圧迫を受けましたが、金光は白川家に入門して神職の資格をとり、活動を合法化しました。金光教は、天地の道理にかなった信仰を説き、日柄、方角などの陰陽道系の俗信を否定し、人間をあらゆる価値の基準とする人間本位の教えを説きました。金光教は、山陽地方の農民と瀬戸内海沿岸の港町の商工民の間にひろがり、明治維新後、大阪に進出しました。

明治維新直後から、「生神金光大神」の神号を称した金光は、国家神道がつくられていく過程で、神前の撤去を命じられるなどの圧迫を受けましたが、国家神道への従属をはっきりと拒みました。晩年、金光は自伝の『金光大神覚』を記しました。金光教は、農民の生活に根ざしながら、現世中心、人間本位で合理性、開明性をそなえた教えをかかげ、政治にたいしては中立の姿勢をつらぬきました。金光教は、日本の風土が生んだ数少ない近代宗教の芽ばえといえますが、金光の晩年、金光教が全国的に発展するとともに、もっぱら農民、商工民の現世利益信仰に応える宗教に変わっていき、一九〇〇（明治三三）年、教派神道の独立教派として公認されました。

幕末には、江戸で日蓮系の在家信者の運動がさかんになり、京都では、一八五七（安政四）年、長松清風日扇（一八一七—九〇）によって本門仏立講（のち本門仏立宗）がつくられました。日扇は、八品派の本門法華宗の僧でしたが、宗門の改革を志して還俗し、在家信者の講を組織して、法華経の現証利益をつうじて、末法の民衆の救済を説き、寺院と僧侶のあり方をきびしく批判しました。明治維新後、日扇は折伏の活動をとがめられて弾圧されました。日扇の晩年から、本門仏立講は全国的にひろがりはじめましたが、ほんらいの在家主義はしだいに後退し、僧侶と在家信者がひきいる教団に変わっていきました。本門仏立宗は、法華系の在家教団の先駆として、近代社会で成立した法華・日蓮系の新宗教の源流となりました。

V　近代の宗教

神仏分離と排仏毀釈　一八六八（明治元）年、倒幕王政復古が成り、明治維新の一大変革は、日本の全宗教をまきこんで、新しい国教として国家神道が生まれました。新政府は、成立早々に、政治の基本理念として祭政一致をかかげて、神祇官（じんぎかん）の再興を布告し、神仏判然（はんぜん）を命令しました。再興された神祇官は、一八六九（明治二）年、古代の官制そのままに、全官庁の最高位におかれましたが、古代の神祇官にはなかった「宣教」が重要な仕事にくわえられ、天皇中心の新しい神道で国民を教化する任務を担いました。神祇官には、復古神道家を主力に、各流派の神道家が進出し、神道の急激な国教化を実行にうつしました。

神仏判然は、神社と寺院を分離し、神社から仏教的要素を一掃して、神社の主体性を確立するための措置でした。ほとんどの有力な神社は、神仏習合の祭祀を営み、寺院に従属していましたから、新政府は、江戸幕府が国教としていた仏教に打撃をくわえて、その力を弱め、神道を仏教の上において、新しい国教をつくろうとしたのです。

一八六九年、東京が都と定められ、明治天皇は、東京への行幸にあたって、古代以来、例のない伊勢神宮参拝を行ないました。同年、明治天皇は神祇官に行幸し、八神、天神地祇、歴代皇霊を親祭しました。古来、神祇官には天皇守護の八神のみが祀られていましたが、新たに天神地祇と歴代皇霊を加えたのは、国家が直接、全神社の祭神と皇霊を祀るという新しい国教のあり方を示すものでした。神祇官の神殿は、のち皇居内にうつされて神殿、皇霊殿となり、賢所とともに宮中三殿とよばれます。

一八七〇（明治三）年、大教宣布の詔が出され、天皇中心の国体観念に立つ神道が、「大教」の名で組織的に全国民に布教されることになりました。翌年、一七万をこえる全国の神社は、すべて国家の宗祀とさだめられ、それぞれ社格をあたえられて、伊勢神宮を本宗（総本山）として、その下にピラミッド型に再編成されました。伊勢神宮は、国家神道の至聖所にふさわしく、伊勢の神としての民衆的な要素をきり捨てて、おごそかなたたずまいとなり、正式には「神宮」とよばれることになりました。

神社は官社と諸社にわけられ、社格は、はじめ勅祭社、准勅祭社などがさだめられましたが、のち、官幣社（大・中・小・別格）、国幣社（大・中・小）、府県社、郷社、村社、無格社に体系化されました。

一八七〇（明治三）年、神社、寺院の領地がすべて官収され、あらたに国家と結びついた神社とちがって、寺領に大きく依存していた仏教各宗は、大きな打撃をうけました。

この時期から、延暦寺支配下の日吉山王社での神仏分離の実力行使などにつづいて、全国各地で排仏毀釈の動きが激化してきました。神職、国学者、儒者、地方の役人などに指導されて、封建支配の末端として民衆に臨んでいた仏教に反発する広範な民衆がたちあがり、寺院を破壊したり、経巻、仏具などを焼き払いました。また佐渡、富山、松本などの各地では強制的に寺院を統廃合し、僧侶を還俗させました。排仏毀釈の激化にたいして、真宗のさかんな三河国と越前国では、新政府への不満と結びついた護法一揆が起こりました。

新政府が政権の基礎をかため、文明開化、殖産興業、富国強兵の道を歩みはじめるとともに、急激な神道国教化政策は、キリスト教の進出にそなえる全宗教をあげての国民教化政策にきりかえられました。一八七一（明治四）年、神祇官は太政官に属する神祇省に格下げされ、翌年、教部省にあらためられました。教部省は、国民教化の基準として、「一、敬神愛国の旨を体すべきこと。二、天理人道を明にすべきこと。三、皇上（天皇）を奉戴し朝旨（天皇の命令）を遵守せしむべきこと」との「三条の教則」をさだめ、東京に大教院、地方に中・小教院を設けました。教化にあたる教導職には、神職、僧侶、民間の宗教家をはじめ、俳優、講釈師、落語家など、およそ人にものを説くことのできる人びとが総動員されました。教院では、神職とともに僧侶が奉仕する神仏合併の儀礼と布教が行なわれ、人数のうえでも教化の実力のうえでも神道にまさる仏教側が、運営の主導権をもつようになりました。国民教化運動の進展とともに、天理教、金光教などの民間の新しい宗教への干渉と圧迫が強まり、民間の諸宗教は、布教をつづけるために国家神道への従属をせまられることになりました。

こうして明治維新当初の神仏分離は、わずか数年でくずれ、国民教化への仏教の進出によって、排仏毀釈の大嵐も静まりました。仏教側は、神仏合併布教にあらわれた教部省の方針の矛盾をつき、一八七五（明治八）年、真宗の四派が、信教の自由、政治と宗教の分離をもとめて、大教院を脱退しました。そのため大教院は解散し、教部省も、二年後に廃止されました。こうして仏教は、失地回復の機会をつかみ、国家神道に従属する護国の仏教として再生しました。

国家神道　国家神道は、皇室神道と神社神道とを直結し、皇室の祭祀を基準に神社の祭祀を画一的に再編成することで形づくられました。一八七一（明治四）年から、宮中の神仏分離が行なわれ、宮中の仏像、仏具、歴代天皇の位牌などは、京都の泉涌寺と般舟院にうつされました。僧尼となっていた皇族も還俗しました。

皇室の祭祀は、天皇の宗教的権威の根源でしたから、明治維新直後からその復興と拡充がすすめられ、多くの祭典があらたに定められました。祭典のうち、天皇が親祭するものは大祭、天皇にかわって宮中の神職である掌典が行なうものは小祭とよばれます。大祭は、年間で一三祭にのぼりますが、このうち古来の祭典は、新嘗祭と伊勢神宮の収穫祭を宮中にとり入れた神嘗祭のみで、そのほかは、すべて新しくつくられた祭典でした。新定の大祭は、記紀神話に基づく元始祭（天孫降臨の祭り）と紀元節祭（国の始まりを祝う祭り）と、神武天皇祭、先帝祭、春秋二季の皇霊祭などの皇霊の祭典でした。小祭では、歳旦祭、祈年祭、賢所御神楽の三祭が古来の祭典で、あらたに皇霊の祭典三祭と天長節祭（天皇の誕生を祝う祭り）、のちに明治節祭（明治天皇の誕生日の祭り）が定められました。神社の祭祀は、これらの皇室の祭祀に基づいて整えられました。

また、ひとりの天皇の治世の間、元号を改めない一世一元制と、皇紀（神武天皇紀元）が制定されて、年の数え方も天皇の存在と一体のものとなりました。政府は、ながい伝統をもつ五節句などの民間の祝日をすべて廃止し、宮中の祭祀と行事にもとづいて祝祭日を定めました。こうして皇室神道は、祝祭日と神社の祭りをつうじて、国民に直接の影響を及ぼすことになり、万世一系の天皇をいただく万邦無比の国体という国家神道の教義の徹底的な普及がはかられました。

皇室神道と直結した神社神道は、政府の宗教政策が神道国教化政策から国民教化政策へと変転する時期に、国教としての地歩を築き、大教院の解散に先だって、一八七五（明治八）年、神道事務局をつくりました。これは、神職を主力に、黒住教、神道修成派などの神道系宗教がくわわった神道の中央機関でした。国民教化運動の挫折にともない、教部省は、神道、仏教など各宗教に信教の自由を保障すると口達し、各宗教の自主的な活動を認めました。仏教の復権とキリスト教の進出に直面していた神社神道では、神道事務局が東京日比谷につくる神宮遥拝所（のち東京大神宮）の祭神をめぐって内紛が起こり、この祭神論争をめぐって、神道界は伊勢派と出雲派に二分する形勢となりました。紛争は、明治天皇の勅裁でようやく収拾されましたが、これを機に、祭祀と宗教の分離によって、国家神道を確立する方向が定まりました。神社神道を、一般の宗教と区別して、国家の祭祀だけを行なう、一般の宗教を超えた国教として位置づけることになったのです。

祭祀と宗教の分離によって、神職は、原則として教化活動や葬儀などをしないことになり、神社神道は、宗教としての内容を切り捨てた儀礼中心の宗教となりました。神道事務局に属していた神道系の諸宗教は、神社神道とはっきり区別され、宗教である神道を意味する教派神道（宗派神道、宗教神道）の独立教派または付属教会に編成されました。

教派神道の独立教派は、幕末の創唱宗教の黒住教、天理教、金光教、山岳信仰の講を再編成した実行教、扶桑教、御岳教、神ながらの道などに立つ禊教、神理教、神道修成派、大成教、神習教、大社教（出雲大社の講の再編成）、神宮教（伊勢神宮の講の再編成）、神道本局（神道事務局の後身、のち神道大教）の一四教ですが、のち神宮教が解散して神宮奉斎会となったので、教派神道一三派とよばれました。また、教派神道の各教には、富士信仰の丸山教、法華神道の蓮門教をはじめ、習合神道系、陰陽道系、儒教系、心学系などのさまざまな民間の宗教が、付属教会として所属し、活動を合法化しました。こうして、仏教、キリスト教以外のほとんどの民間の宗教は、教派神道のわくに組みこまれ、国家神道に従属して、天皇制的国民教化の一翼を担うことになりました。

一八八九（明治二二）年、皇室典範と大日本帝国憲法が制定され、近代天皇制国家が確立しました。天皇は、政治上の主権者、軍事上の統帥権者であるとともに、国家神道の最高祭司をつとめる神聖不可侵の現人神とされました。国家神道は、民族宗教に起源をもつ集団の宗教の神社神道を、国家の規模に拡大した宗教で、日本の国土と日本民族に限定された国教でした。儀礼が中心で、個人の内面にかかわる普遍的な教えを欠いた国家神道は、世界の宗教史でもほとんど類例のない特異な国教ということができます。近代天皇制国家は、仏教、陰陽道、儒教と習合して発展してきた神社神道の歩みを断ちきって、国家の祭祀に限定された新しい国教として国家神道をつくり、神（教派神道）、仏（仏教）、基（キリスト教）の三教の上において、天皇崇拝と神社崇敬を全国民の義務としました。帝国憲法は、第二八条で、「日本臣民は安寧秩序を妨げず、及臣民たるの義務に背かざる限に於て、信教の自由を有す」と定めていました。しかし、この「信教の自由」は、各宗教が国家神道に従属し、国家神道のわく内で宗教活動をすることを許していただけで、国家神道のもとでは、国民の権利としてのほんらいの信教の自由はなく、はげしい宗教弾圧がくりかえされました。

近代天皇制国家は、国家神道の教義をそのままあらわす神社を、つぎつぎに創建して、天皇制的国民教化に役だてました。創建神社には、大きくわけてほぼ四つの系統があります。第一は、楠木正成を祀る湊川神社など、天皇に忠義をつくした南朝の武将の神社です。第二は、幕末維新の尊王派のぎせい者、戊辰戦争の官軍側戦没者とそれ以後の戦争の戦没者を祀る靖国神社と招魂社（のち護国神社）です。靖国神社は、軍の宗教施設という性格から、一般の神社と異なり、陸、海軍省が管轄しました。第三は、天皇、皇族を祭神とする橿原神宮、明治神宮、平安神宮などです。古代以来、神道では、白峰宮（祭神、崇徳天皇）のように悲劇的な最期をとげた天皇の霊を祀った御霊信仰系の神社や、香椎宮（祭神、仲哀天皇）のような廟宮（墓所につくった宮）はつくられましたが、ほんらい天皇を神として祀ることはありませんでした。近代天皇制国家が、天皇を現人神とし、歴代の天皇を神格化したことから、天皇、皇族を祭神とする社格の高い神社があいついでつくられることになったのです。第四は、植民地、戦争のさいの占領地など、日本の支配が及んだ地域につくられた朝鮮神宮（ソウル）、建国神廟（旧満州国、中国東北部）などです。これらの神社は、世界中を天皇のもとに一つの家とするという八紘一宇の思想をあらわしていました。

帝国憲法の制定によって確立した国家神道は、その翌年の一八九〇（明治二三）年に出された「教育勅語」を事実上の教典として、学校教育をつうじて国民への普及徹底がはかられました。制度の面でも、神社は、文部省が管轄する一般の宗教と区別されて、内務省の所管となりました。神社にたいしては、国費、地方費が支出され、神官神職は官吏の待遇を受けました。国民は、すべて神社の氏子とされ、氏子制度が強化されました。

日中戦争中の一九四〇（昭和一五）年は、皇紀二六〇〇年にあたり、盛大な記念式典が行なわれました。これを機に、内務省の外局として神祇院が設置されて、神祇省の廃止後七〇年ぶりで、神祇にかんする独立の中央官庁が復活し、国家神道は絶頂期を迎えました。

近代のキリスト教　幕末、禁教下の日本に、カトリックがふたたび伝えられ、つづいて旧教のギリシア正教と新教（プロテスタント）各派が伝来して、ひそかに布教をすすめました。一八五三（嘉永六）年、江戸幕府が開国にふみきり、一八五八（安政五）年、日仏修好通商条約が締結されると、琉球の那覇で日本布教の準備をしていたフランスのパリ外国宣教会の宣教師たちが、あいついで日本にのりこみました。一八六二（文久二）年、横浜に居留外国人のための天主堂が建てられましたが、これは、キリシタン禁止以来、二世紀半ぶりの教会の復活でした。一八六五（慶応元）年、宣教師プチジャンは、長崎に大浦天主堂をつくりました。大浦天主堂は、高い尖塔をもち、ステンド・グラスが夕陽に映える本格的な教会で、町の人びとはフランス寺とよんで、その異国風の美しさに驚きの声をあげました。天主堂が完成してまもなく、長崎近郊の浦上のかくれキリシタンの農民十数人がひそかに天主堂を訪れて、そっとプチジャンに近づき、「わたくしたちの心は、あなたと同じです」と告げて、信仰を告白しました。キリシタンの復活は、信仰の奇蹟として、日本での悲惨なキリスト教迫害の歴史を知るキリスト教諸国の人びとを驚かせました。キリシタン農民は公然と信仰を表明し、長崎奉行所はただちに弾圧にのりだしましたが、まもなく幕府は倒壊しました。幕府の禁教政策を受けついだ新政府は、一八六八（明治元）年、「きりしたん邪宗門」禁止の高札をかかげました。キリスト教国の大公使は、キリスト教を邪教とよぶことに抗議し、やむなく新政府は、高札を「切支丹」と「邪宗門」の二カ条に書きわけました。

一八六九（明治二）年、政府は、浦上キリシタンの流刑をきめ、三三八〇人のキリシタン農民が、西日本を中心とする二一の藩に送られました。信者たちは、流刑先で苦役に服し、国学のさかんな津和野藩などでは、きびしい拷問にあいましたが、三分の二をこえる人が棄教を拒んで信仰を守りぬきました。

フランスを背景とするカトリックの進出につづいて、幕末、ロシアからギリシア正教が伝えられました。一八六一（文久元）年、函館のロシア領事館付司祭としてニコライ（一八三六―一九一二）が来日し、ひそかに日本人に布教して、数人の信者ができました。明治維新後、ギリシア正教の布教は、仙台から東京に及び、日本ハリストス正教会がつくられました。

プロテスタント各派は、幕末に来日したアメリカ、イギリス、カナダの宣教師たちによって伝えられました。米国監督教会（聖公会）、米国オランダ改革派、バプテスト派、長老派などの宣教師たちは、長崎、佐賀、神奈川の各地で、西洋の学問や英語を教えたり、医療をつうじて、ひそかにキリスト教の信仰を説きました。一八六五（慶応元）年、医師の矢野元隆（もとたか）は、神奈川で宣教師バラから洗礼を受け、最初の日本人プロテスタントとなりました。

幕府が崩壊すると、新しい生き方をもとめて宣教師のもとに集まる士族や商人の子弟がにわかに増えました。かれらは、欧米の進んだ近代文明の背景をなしているキリスト教と、その儒教倫理に通じるきびしい市民倫理にひかれて入信しました。一八七二（明治五）年、日本人信者による最初のプロテスタント教会として横浜で日本基督（キリスト）公会が設立されました。

この時期にヨーロッパを訪れていた全権大使岩倉具視（いわくらともみ）一行は、行く先々で、日本政府のキリスト教迫害にたいする市民の抗議にあいました。キリスト教の解禁は、すでに動かしがたい大勢となり、政府は、一八七三（明治六）年、「一般熟知の事につき」という理由をつけて、「切支丹禁止、邪宗門禁止」の高札を撤去しました。翌年、浦上のキリシタンは釈放されましたが、五六二人が流刑中に死亡し、荒れはてた故郷にもどることができたのは、一九三〇人にすぎませんでした。

解禁によって、キリスト教は新しい時代を迎え、公然たる活動をはじめました。一八七四（明治七）年、幕末にひそかにアメリカに渡って神学を学んだ組合（会衆）派の新島襄（一八四三—九〇）が帰国し、翌年、京都で、寺院、神社のはげしい反対を押しきって、同志社英学校を開きました。

熊本では、一八七六（明治九）年、洋学校の生徒三五人が米国人教師ジェーンズ大尉の感化を受けて、信仰と愛国心を一体のものとする「奉教趣意書」をつくって集団でキリスト教に入信しました。洋学校は、同年秋に起こった神道主義の保守派士族による神風連の乱で廃校となり、キリスト教に入信した生徒たちは、そろって同志社に転じました。また札幌では、一八七六（明治九）年、札幌農学校の教頭として米国からクラークが招かれ、その熱烈なキリスト教精神に感化されて、クラークの帰国後の生徒から、内村鑑三（一八六一—一九三〇）、農学者でフレンド派（キリスト友会）の新渡戸稲造（一八六二—一九三三）らが出ました。こうして、横浜、熊本、札幌は、日本プロテスタントの三つの源流となりました。横浜から出た押川方義、植村正久（一八五八—一九二五）、井深梶之助、熊本出身の小崎弘道、海老名弾正らは、やがてプロテスタント各派の指導者となり、内村は、のち日本独自の無教会主義を唱えました。

プロテスタントは、一八八〇年代に入ると、自由民権運動の高揚と結びついて都市から農村へひろがり、キリスト教の近代的な市民倫理は、社会全体に文化的思想的影響をおよぼすようになりました。一八八九（明治二二）年の帝国憲法の制定にともない、キリスト教は、はじめて教派神道、仏教とならんで公認宗教の扱いをうけることになりました。プロテスタントの主流は、日本的キリスト教を唱え、日本基督教会、組合派、メソジスト派、聖公会などの有力な教派は、教育、文化、社会事業の領域に進出しました。日本では、昔から宗教が結婚式にかかわる伝統はなかったのですが、キリスト教の結婚式にならって、一九〇一（明治三四）年、神前結婚式が創案され、また仏前結婚式も生まれました。

日清、日露戦争の時期から、プロテスタント系の社会運動が発展し、一八九六（明治二九）年、山室軍平（一八七二―一九四〇）は日本救世軍をつくり、資本主義の発達がもたらす社会悪との戦いに挺身しました。またユニテリアンの安部磯雄らは、キリスト教社会主義をひろめ、一九一二（大正元）年、日本最初の労働組合として友愛会が結成されました。神戸新川のスラム街で伝道していた賀川豊彦（一八八八―一九六〇）は、アメリカに留学後、友愛会に加わり、労働運動、農民運動、社会改良運動の指導者となりました。

プロテスタント系の社会運動は、日本社会の近代化にめざましい役割をはたしましたが、プロテスタントは、しだいに都市の中間層、知識層の宗教として固定化していきました。一方、カトリックは、明治前期には、キリシタンの教会復帰に力をいれ、長崎県を中心に発展しました。明治後期からは、外国の修道会がつぎつぎに日本に進出し、教育、社会事業、医療などをつうじて全国的に活動をひろげましたが、社会的な影響は、プロテスタントに、はるかにおよびませんでした。太平洋戦争中の一九四二（昭和一七）年、日本はローマ法王庁（バチカン市国）に公使を派遣し、外交関係を樹立しました。またハリストス正教会は、日露戦争による反ロシアの風潮に発展をはばまれ、さらに一九一七（大正六）年のロシア革命で、ロシアの伝道会社からの援助が途絶えたこともあって、小さい勢力にとどまりました。

　キリスト教は、日本社会の近代化に大きく貢献しましたが、その唯一神の信仰と近代的個人主義の倫理は、天皇を現人神とし、忠孝の国民道徳をかかげる近代天皇制のもとで、たえず非難と攻撃を受け、国体とあいいれない「外教」とされました。そのため、プロテスタントもカトリックも、社会に根をおろし、国民の生活にとけこんで大きくひろがることはできませんでした。日中戦争から太平洋戦争の時期には、宗教への統制が強化され、一九四一（昭和一六）年、プロテスタントのほとんどが統合されて、日本基督教団がつくられました。キリスト教への弾圧も激化し、灯台社（ものみの塔）、プリマス・ブレズレン派、ホーリネス派、セブンスデー・アドベンチスト派などが、兵役を拒否したり、キリスト再臨の信仰を唱えたため、国体に反するとして弾圧され、殉教者がでました。

仏教の近代化　仏教各宗は、明治初年に受けた打撃から立ち直り、国家神道のもとで、護国の仏教として安定した地歩を回復しました。政府は仏教各宗を統制し、新しく寺院をつくることも、原則として禁止しました。そのため各宗とも、封建社会以来の古い体質が生きつづけ、寺院のおおくは、もっぱら葬式と先祖供養の法要で檀信徒（だんしんと）とつながるという、仏教の習俗化がいちじるしくなりました。国民の大半は、家の宗教として仏教各宗に結びついていながら、仏教はしだいに国民の精神生活から遊離していきました。多くの末寺を従えた本山などの大寺院や、現世利益（げんぜりやく）信仰の寺院は、繁栄をつづけましたが、全体として仏教の教化活動は不活発で、僧侶のおおくは儀礼の執行者の役割しかはたさないようになりました。

こういう各宗の停滞のなかで、江戸時代以来、寺領に依存することが少なく、門徒の信仰にささえられてきた真宗と、在家（ざいけ）信者の運動がさかんな日蓮系（にちれんけい）各宗では、僧侶と信者の間に、生き生きとした信仰が受けつがれました。

真宗の本願寺派（西本願寺）と大谷派（東本願寺）は、一八七五（明治八）年、信教の自由を要求して、大教院を脱退し、仏教の復権を主導しました。西本願寺は、ヨーロッパに学んで、近代的な代議制度をとりいれるなど、各宗に先んじて教団の近代化にとりくみました。しかし、東西本願寺とも、王法為本（いほん）の封建教学をそのまま受けつぎ、宗教貴族と化した法主を絶対化する古い体質を保ちつづけました。

これにたいして、日清戦争後、西本願寺の改革運動から、ピューリタンの運動にならった古河勇（ふるかわいさむ）、境野黄洋、高島米峰らの仏教清徒同志会（のち新仏教同志会）が生まれ、教団を批判し、社会の近代化を唱えました。東本願寺では、改革運動を進めていた清沢満之（一八六三―一九〇三）が、精神主義を唱え、親鸞の思想を、理性との対決として近代的にとらえなおして、教団の内外に大きな思想的影響をあたえました。清沢の思想は、やがて真宗の近代教学として展開されましたが、教団ではこれを異端としてしりぞけました。

日蓮系では、田中智学（一八六一―一九三九）らによって、近代天皇制国家を日蓮の思想で基礎づける国家主義的な教学が唱えられ、日蓮教学の主流となりました。田中は、日蓮宗の僧でしたが、教団の古いあり方に反発して還俗し、在家運動に身を投じて、一九一四（大正三）年、国柱会をつくりました。田中は、純正日蓮主義を唱え、帝国憲法こそ王仏冥合の現われであると説き、ファシズムに大きな影響をあたえました。

仏教各宗は、キリスト教の教育、文化、社会事業などへのめざましい進出に対抗して、学校経営、社会福祉事業をはじめ、思想教育、囚人の教誨などにのりだしました。しかし、仏教の社会問題へのとりくみは、教義的にも実践的にも、あまり伝統がなく、その社会的影響は、キリスト教におよびませんでした。

仏教のほとんどは、国策につねに忠実で、近代天皇制国家を思想的にささえる役割をはたしましたが、こういう中で、少数でしたが、社会の矛盾を批判し、戦争に反対する仏教者が、あいついで出ました。法華信仰に立つ社会運動を行なっていた妹尾義郎（一八八九―一九六一）は、一九三一（昭和六）年、新興仏教青年同盟をつくり、既成仏教の清算、仏陀の精神による共同社会の実現などを主張し、弾圧されました。

日中戦争下の一九四〇（昭和一五）年、宗教団体法が施行され、仏教は、一三宗五六派が一三宗二八派に統合されるなど、宗教への統制がさらにきびしくなりました。仏教界では、皇道仏教が唱えられ、とくに真宗と日蓮宗は、教義を攻撃されました。真宗には、神祇不拝の教えがあるため、神社への尊崇の念がうすいと非難されました。日蓮宗は、天照大神を法華経の番神としていることを不敬とされ、さらに日蓮の遺文の中で、仏法にそむいた天皇を批判した箇所などを削除させられました。また、本門法華宗、日蓮正宗の信者団体の創価教育学会（のち創価学会）などは、きびしい弾圧を受けました。創価教育学会は、末法に神社を拝むことを謗法とする教義から、伊勢神宮の大麻（神札）を祀ることを拒否したことなどを理由に弾圧され、会長牧口常三郎（一八七一―一九四四）は獄死しました。

大本教・ひとのみち・霊友会　国家神道が確立した一八八〇年代を中心に、天理教、金光教をはじめ、伊藤六郎兵衛がひらいた丸山教、島村みつを教祖とする蓮門教などの現世利益と民衆救済をかかげる新しい宗教が、大きく発展しました。民衆の生活に根をおろしてひろがったこれらの宗教につづいて、明治中期に習合神道の大本教が生まれ、近代の新宗教（新興宗教）の大きな源流となりました。

大正から昭和初期には、神道系のひとのみち（のちパーフェクト・リバティー）、天理教からわかれたほんみち、大本教から出た生長の家などが成立し発展しました。同じ時期に、法華系在家教団の霊友会が生まれ、日中戦争の時期に、ここから立正佼成会などが分立しました。

大本教は、一八九二（明治二五）年、京都府綾部で、まずしい大工の未亡人出口ナオ（一八三七―一九一八）が神がかりして開きました。ナオは、うしとらの金神による「世の立替え立直し」をうったえ、「筆先」を書きつづけました。ナオは、はじめ金光教に属していましたが、農民出身の宗教家の出口王仁三郎（一八七一―一九四八）を迎えて、習合神道系の教義を体系化しました。大本教は、神の力による復古的で農本的な神政の理想世界みろくの世の実現を約束し、現世利益、予言、集団的な神がかりなどをつうじて、一九一〇年代に全国的に進出しました。大本教は、金銭万能の利己主義の世の中をはげしく批判し、王政復古の明治維新につづく神政復古の大正維新を予言し、軍人、知識層の入信があいつぎました。一九二一（大正一〇）年、大本教は不敬罪などで第一回の弾圧を受けました。これを機に、王仁三郎は新しい教典『霊界物語』をつくり、現状打破の主張を後退させて、万教同根（あらゆる宗教の根源的一致）と人類愛善（人類はみな兄弟とする平和思想）を唱えました。大本教は、国策を支持し、日本の武力を背景とするアジア進出に協力しましたが、ファシズムの台頭とともに、農村救済の政治革新を唱えて昭和神聖会をつくりました。政府は、一九三五（昭和一〇）年、大本教に二回目の弾圧を加え、その全施設を破壊して、大本教を禁止しました。世直しによる民衆の救済をかかげる大本教には、日本のほんらいの支配者である主神が、悪神に追われ押しこめられていたが、時節が来て主神がふたたびあらわれ、真の皇道を実現するという、独自の国祖隠退の神話があります。政府は、国家神道とあいいれない異端の「邪教」として、大本教の存在じたいを許さず、近代史上、最大の宗教弾圧をくわえたのです。

ほんみちは、一九一三（大正二）年、天理教教師の大西愛治郎（一八八一―一九五八）が神がかりして開いた宗教です。ほんみちは、国家神道をうけいれて教義を改変した天理教を批判して、「こふき」神話に基づく教義を整え、日本の前途は危ういとの神の警告を大々的に宣伝して、一九二八（昭和三）年と一九三八（昭和一三）年の二回にわたり、弾圧されました。ほんみちは、ひろく配布した教義解説の小冊子で、天皇には天徳がなく、日本統治の資格はないと明言したため、徹底的な弾圧を受け、禁止されました。

ひとのみちは、一九二四（大正一三）年、大阪で黄檗僧出身の御木徳一（一八七一―一九三八）と子の御木徳近が開いた神道系の新宗教です。ひとのみちは、大正初期に関西でさかんだった金田徳光（一八六三―一九一九）の徳光教を受けついで、太陽神・天照大神信仰をかかげ、「教育勅語」を教典としました。ひとのみちでは、商売繁昌、家内和合などをもたらす実利的な生活訓を説き、病気なおしの「お振替え」などをつうじて、都市の中間層と中小企業者の間に広がり、昭和初期には、信者一〇〇万と称するほどの発展をとげました。一九三六（昭和一一）年、政府は、大本教につづいて、ひとのみちに弾圧をくわえ、禁止しました。ひとのみちは、天皇崇拝を強調し、国家神道に忠実でしたが、皇祖神天照大神を太陽であるとし、「教育勅語」に卑俗な解釈をくわえたとして、徹底的な弾圧を受けました。

生長の家は、大本教本部にいた谷口雅春（まさはる）が、第一回の大本教弾圧後に大本教を去り、一九三〇（昭和五）年に開いた新宗教で、さまざまな宗教、思想、哲学を折衷した近代的なスタイルの教義をかかげました。生長の家の教義は、宇宙を「生命の実相」であるとし、精神中心主義による内面の不安と現実の諸矛盾の解消を説きました。生長の家は、出版物を大々的に発行して、都市の中間層、知識層、家庭婦人などを誌友（信者）に獲得しました。戦時体制下で宗教への統制がきびしくなると、生長の家では、天皇を絶対化する教義を説き、戦争に積極的に協力しました。

霊友会は、本門仏立宗（ほんもんぶつりゅうしゅう）、国柱会などにつづく法華系在家教団で、一九一九（大正八）年に生まれ、のち一九二五（大正一四）年、久保角太郎（くぼかくたろう）（一八九二―一九四四）とその義姉の小谷喜美（こたにきみ）（一九〇一―七一）を中心に再発足しました。久保は宮内省の建築技師で、横浜の法華行者西田利蔵（としぞう）（一八四九―一九一八）の万霊供養の法華信仰を受けつぎ、法華経の功徳と先祖供養を結びつけた教義をととのえました。父方と母方の先祖の霊をつうじて、あらゆる霊はすべて友としてつながっており、先祖の霊を手あつく供養し、先祖と家族一同が懺悔（ざんげ）滅罪することによって、悪い因縁が切れ、神、霊の加護をうけて、家と国家の安泰幸福が得られるというのです。霊友会は、ファシズムのもとで、天皇を中心に日本を一つの家とみる家族国家観がたかまると、家中心の信仰と自己抑制の道徳を説いて、都市の家庭婦人を主力にめざましく発展しました。喜美は、はげしい修行で神がかりして霊能を示し、信者から生き仏のように仰がれました。霊友会は、戦争に積極的に協力し、太平洋戦争中も、東日本の農村に進出をつづけました。

このように、新宗教のおおくは、戦争のための宗教統制の地ならしとして、一九三〇年代に、はげしい干渉と弾圧を受けました。日中戦争から太平洋戦争の時期には、戦争に協力した生長の家、霊友会などを例外として、ほとんどの新宗教は活動の余地を奪われてしまいました。戦争一色にぬりつぶされた日本社会では、国家神道が拠って立つ神ながらの道が強調され、聖戦の完遂、神州日本の不滅が、むなしく呼号されるのみでした。

むすび　現代日本の宗教

信教の自由と政教分離　一九四五（昭和二〇）年、日本は太平洋戦争の敗戦によって、民主主義の国に生まれかわりました。同年八月、日本は、連合国が提示したポツダム宣言を受諾して降伏しましたが、その第一〇項は、日本における信教の自由の確立を要求していました。

連合国軍の占領下で、同年一二月、国家神道は解体され、信教の自由を確立するために、あらゆる宗教は、国家から分離されました。戦争中に、宗教を統制するためにつくられた宗教団体法は廃止され、同月、宗教法人令が公布施行され、宗教団体は自主的な届け出によって宗教法人となることができることになりました。

翌一九四六（昭和二一）年元日、天皇は年頭にあたって詔書（しょうしょ）を発し、みずから現人神（あらひとがみ）であることを否定しました。この詔書は、「天皇の人間宣言」とよばれ、天皇を神と信じ、天皇に忠誠をつくすことが、「臣民」にとっての義務であり、このうえない栄誉であると教えこまれてきた国民に、大きな衝撃をあたえました。国家神道が拠って立つ思想的基盤は、こうして天皇の名によって葬りさられました。

国家神道の解体にともない、同年二月、神祇院は廃止され、民間の宗教団体として神社本庁が設立されました。神社本庁は、伊勢神宮を本宗とし、全国の神社の大半にあたる七万八〇〇〇余社を組織しましたが、その他の約一〇〇〇の神社は、べつの宗教法人をつくりました。

同年一一月、国民主権、民主主義、戦争放棄を基調とする日本国憲法が公布され、翌一九四七（昭和二二）年五月、施行されました。憲法は、国民の基本的権利として、信教の自由を無条件で保障し、これを裏づけるために厳格な政治と宗教の分離（政教分離）を規定しました。その第二〇条は、「信教の自由は、何人に対してもこれを保障する。いかなる宗教団体も、国から特権を受け、又は政治上の権力を行使してはならない。何人も、宗教上の行為、祝典、儀式又は行事に参加することを強制されない。国及びその機関は、宗教教育その他いかなる宗教的活動もしてはならない」と定めています。さらに第八九条は、「公金その他の公の財産は、宗教上の組織若しくは団体の使用、便益若しくは維持のため、又は公の支配に属しない慈善、教育若しくは博愛の事業に対し、これを支出し、又はその利用に供してはならない」と規定しています。

信教の自由とは、国民ひとりひとりが、じぶんの良心に従って、宗教を信仰し、あるいは信仰しない自由のことです。日本では、さまざまな系統の宗教が数おおく併存しており、そのうえ、近代天皇制のもとで、国家神道が国民に押しつけられ、宗教弾圧がくりかえされてきました。歴史とともに形づくられてきた、こういう日本の宗教の状況に対応するとともに、ちかい過去の歴史の教訓に学んで、憲法は、信教の自由と政教分離を明確に規定したのです。宗教にかんする日本国憲法の規定は、きわめて民主的で、世界の憲法のなかでも、とくにすぐれたものとされています。

また憲法は、天皇を日本国および日本国民統合の象徴と規定し、天皇は、憲法がさだめる国事行為を行なう、政治上の権限をもたない存在となりました。政教分離の原則にしたがって、皇室の祭祀は天皇の私事となりました。祝祭日は廃止され、かわって「国民の祝日」が制定されました。

立正佼成会・創価学会　信教の自由の確立によって、日本の諸宗教は、本来の信仰に立って自主的な活動を展開し、自由に発展する条件を獲得しました。弾圧で活動を禁止された大本教、ほんみちは再建され、ひとのみちは、神道色をとり除いて、パーフェクト・リバティー（PL）として再生しました。創価教育学会も、創価学会と名をあらためて再発足しました。

敗戦によって、戦争に協力してきた神社神道と仏教の権威はいちじるしく失墜し、占領軍に支援されてキリスト教の活動が活発になりました。一九五一（昭和二六）年四月、講和をひかえて、宗教法人法がつくられ、宗教団体は、文部大臣または都道府県知事の認証によって、宗教法人を設立することができることになりました。

一九五〇年代には、仏教各宗と神社神道が復興に向かうとともに、国民の生活に密着した新宗教がめざましく進出しました。占領下で、霊友会をはじめ、生長の家、パーフェクト・リバティー、戦前に大本教からわかれて岡田茂吉がひらいた世界救世教などが発展し、つづいて立正佼成会と創価学会が全国的に教勢を拡大しました。こうして法華系、神道系などの新宗教は、勤労者、中小零細企業者、家庭婦人、学生など、さまざまな階層の国民を幅ひろく組織して、活発な布教を展開し、宗教運動の主流を占めるようになりました。

立正佼成会は、一九三八（昭和一三）年、庭野日敬と長沼妙佼が、霊友会からわかれてひらいた法華系の新宗教です。その教義は、霊友会の教義を受けついでいますが、法華信仰に立って、因縁を強調し、さまざまな民間信仰や姓名判断などをとりいれて、個人の人格の完成を説いています。立正佼成会では、信者たちを少人数のサークルの法座に組織し、信仰体験を話しあい、教義を学ぶ場として法座を運用して、東日本を中心に急速に教勢をひろげました。一九六〇年代には、立正佼成会はあらゆる宗教の協力を唱え、新宗教界を主導する教団となりました。

立正佼成会の発展につづいて、戸田城聖がひきいる創価学会が、他のすべての宗教を邪教として攻撃する、はげしい折伏を全国的に展開して急激に発展しました。創価学会は、日蓮正宗の教学と、初代会長牧口常三郎の価値創造の哲学を結びつけた教義をかかげ、現世利益と現状打破を強調しました。日蓮正宗では、日蓮を末法の本仏とし、総本山の大石寺の本尊を、日蓮が全世界に授けた至高の曼陀羅としています。創価学会は、法華経をあまねくひろめ、大石寺にこの本尊を祀る本門の戒壇を建立することこそ、日蓮の遺命であるとし、その実現を目的にかかげて、国会と地方議会に進出しました。民主主義の時代には、天皇の帰依と将軍の命令によってではなく、国会の議決によって国立の戒壇を建立するというのです。創価学会では、選挙のたびに、教団の総力をあげて折伏を展開して票を集め、議席を拡大しました。一九六四（昭和三九）年、池田大作の指導で、創価学会は宗教政党の公明党をつくり、政権獲得の構想を明らかにしました。

しかし、国立戒壇をつくり、日蓮正宗を国教にしようとする創価学会の政教一致路線は、憲法擁護をかかげて一般の国民の間で支持を拡大しようとする公明党の方向と明らかに矛盾していました。そのため創価学会では、国立戒壇の主張をとりやめ、一九七〇（昭和四五）年、世論の批判を受けて、創価学会と公明党の分離を表明しました。創価学会は、政治進出をつうじて、勤労者、中小零細企業者、家庭婦人、学生、青少年などを広範に組織して、一九六〇年代には、強い組織をもつ日本最大の宗教団体に発展しました。創価学会では、信者を少人数の座談会に組織し、青年部、婦人部などの行動組織を強化して、他の宗教とは桁ちがいの行動力を発揮し、アメリカをはじめ、海外にも進出しました。

こんにちの日本宗教　日本の宗教は、原始社会から古代、中世、近世、近代をへて現在にいたる。ながい歴史の歩みとともに、多彩な展開をとげ、ゆたかな宗教文化をつくりだしてきました。こんにちの日本の宗教は、仏教（既成仏教）、神社神道、キリスト教、新宗教の四つの系統に大きくわけることができます。日本社会には、こういうさまざまな系統の四〇〇をこえる宗教が併存しており、また原始農耕社会にはじまる集団の宗教の骨組みを保ちつづけている神社神道が存在しています。宗教の多元的併存と、儀礼中心の集団の宗教である民族宗教が存続していることは、日本宗教のいちじるしい特徴です。

仏教は、最大の宗教勢力であり、宗派別では、法華・日蓮系と浄土系がとくに有力で、つづいて禅系、真言系、奈良仏教系などがあります。国民の大半は、仏教の檀信徒ですが、仏教各宗は、もっぱら儀礼によって国民生活と結びついており、宗教としての影響力は、あまり強くありません。

神社神道は、国民の大半を氏子崇敬者とみなしていますが、国民生活とのつながりは、神社の祭りや現世利益信仰が中心で、その影響力は限られています。

キリスト教は、カトリック、日本ハリストス正教会（ギリシア正教）、日本基督教団その他のプロテスタントに分かれています。カトリックとプロテスタントが有力ですが、キリスト教全体の信者数は、国民の一パーセントたらずに過ぎません。このようにキリスト教は、宗教としては小さな勢力にとどまっていますが、日本社会の近代化、現代化に、大きな思想的、文化的影響をおよぼしています。

新宗教は、神道系、仏教系、諸教に分かれ、全体として、活発な行動力をもつ有力な社会勢力となっています。新宗教の中では、法華系がもっとも有力で、神道系がこれにつづいています。有力な新宗教は、数十万、数百万の国民を組織しており、そのうごきは、社会全体に大きな影響をあたえています。

他に、少数ですが、イスラム教、ユダヤ教の信者がいます。また、北海道では、アイヌなど北方民族の宗教が受けつがれています。

こんにちの日本社会で、各宗教は平和運動をはじめ、信仰に立つさまざまな社会的実践を展開して、政治にたいしても影響力を強めています。また、靖国(やすくに)神社の国営化など、国と神社を結びつけ、国家神道を復活しようとする動きもさかんです。

こんにちの日本では、国が宗教に介入することも、宗教が政治権力をにぎることも許さない政教分離の原則を確立して、信教の自由を守ることが、きわめて重要な課題となっています。わたくしは、宗教を信仰している人も、宗教と無関係の人も、ともに手をたずさえて、信教の自由、良心の自由をたいせつにすることによって、すぐれた伝統をもつ日本の宗教文化を、さらにゆたかに発展させてほしいと願っています。

B）新宗教（仏＝仏教系　神＝神道系　諸＝諸教）

系統	教　　名	本部所在地	開教年	信者数
				千人
仏	如来教	名古屋市熱田区	1802	34
神	黒住教	岡山市	1814	381
諸	天理教	奈良県天理市	1838	2,485
神	禊教	東京都台東区	1840	125
神	神理教	北九州市小倉南区	1843	275
仏	本門仏立宗	京都市上京区	1857	510
神	金光教	岡山県金光町	1859	490
神	出雲大社教	島根県大社町	1873	1,050
神	御岳教	奈良市	1873	733
神	丸山教	川崎市多摩区	1873	3
神	大本	京都府亀岡市	1892	162
神	ほんみち	大阪府高石市	1913	294
仏	国柱会	東京都江戸川区	1914	23
仏	日本山妙法寺大僧伽	東京都渋谷区	1917	1
諸	円応教	兵庫県山南町	1919	287
仏	霊友会	東京都港区	1919	2,700
諸	パーフェクト・リバティー	大阪府富田林市	1924	2,646
仏	念法真教	大阪市鶴見区	1925	854
仏	解脱会	東京都新宿区	1929	209
諸	生長の家	東京都渋谷区	1930	3,096
仏	創価学会	東京都新宿区	1930	16,539
諸	世界救世教	静岡県熱海市	1934	790
仏	孝道教団	横浜市神奈川区	1935	418
仏	立正佼成会	東京都杉並区	1938	4,742
諸	天照皇大神宮教	山口県田布施町	1945	400
諸	善隣会	福岡県筑紫野市	1947	578
仏	真如苑	東京都立川市	1948	455
神	三五教	静岡県清水市	1949	218
仏	妙智会	東京都渋谷区	1950	679
仏	仏所護念会	東京都港区	1950	1,474
仏	最上稲荷教	岡山市	1951	286

＊創価学会の信者数は，日蓮正宗の信者数と重複する．

現代日本のおもな宗教　A）仏教・神社神道・キリスト教

系統	教名	本部所在地	開教年	信者数
				千人
仏教（奈良仏教系）	法相宗	奈良市	653	595
	華厳宗	奈良市	740	44
	律宗	奈良市	759	27
	真言律宗	奈良市	1236	475
（天台系）	天台宗	滋賀県大津市	805	610
	天台真盛宗	滋賀県大津市	1485	64
	修験宗	神奈川県小田原市	(1946)	98
	和宗	大阪市天王寺区	1949	2,221
（真言系）	高野山真言宗	和歌山県高野町	806	4,277
	真言宗醍醐派	京都市伏見区	(1900)	341
	真言宗豊山派	東京都文京区	1587	1,189
	真言宗智山派	京都市東山区	1598	1,529
（浄土系）	浄土宗	京都市東山区	1175	5,967
	浄土真宗本願寺派	京都市下京区	1224	6,907
	真宗大谷派	京都市下京区	1224	6,150
	真宗高田派	三重県津市	(1877)	269
	時宗	神奈川県藤沢市	1273	335
（禅系）	曹洞宗	東京都港区	1227	7,532
	臨済宗妙心寺派	京都市右京区	1336	693
	臨済宗建長寺派	神奈川県鎌倉市	1446	200
	臨済宗方広寺派	静岡県引佐町	(1903)	69
	黄檗宗	京都府宇治市	1654	321
（日蓮系）	日蓮宗	東京都大田区	1253	2,281
	日蓮正宗	静岡県富士宮市	1288	16,362
	法華宗（本門流）	東京都豊島区	(1941)	561
	日蓮宗不受不施派	岡山県御津町	1595	28
神道	神社本庁	東京都渋谷区	(1946)	61,630
	神社本教	京都市山科区	(1946)	809
キリスト教	カトリック中央協議会	東京都千代田区	1549	350
	日本ハリストス正教会教団	東京都千代田区	1861	10
	日本基督教団	東京都新宿区	(1941)	135
	日本聖公会	東京都渋谷区	1859	55

＊開教年の（　）は，教団設立年を示す．

＊信者数は，文化庁編『宗教年鑑』（昭和53年版）による教団の公称信者数．

『日本の宗教』を読む

島薗　進

本書は、一九八一年に岩波ジュニア新書の一冊として刊行されている。副題が「日本史・倫理社会の理解に」となっていて、高校生や中学生を対象として書かれたものである。日本史や倫理社会の教科書には日本の宗教について、ある程度のスペースがさかれている。だから、最澄や空海、親鸞や道元や日蓮、キリシタン禁制や檀家制度、神仏分離や国家神道について、人名とその歴史的意義、また、宗教に関わる重要用語の意味は覚えなくてはならない。

だが、中学や高校で「日本の宗教」や「日本宗教史」について学んだ覚えがある人はいるだろうか。少ないはずだ。各時代の政治史を中心とした叙述がなされる歴史教科書においても、さまざまな思想の解説がなされる倫理社会の教科書においても、また宗教系の学校の教育においても、「日本の宗教」や「日本宗教史」について考える場が想定されているだろうか。

社会人にとってもそうだ。日本社会に育ったものとして、自分たちの宗教について学び振り返る場は少ない。「宗教音痴」と感じる日本人が多い背景に、このような欠落が作用していないだろうか。グローバル化が進み、それぞれの文化的背景について語ることが求められる機会が増えている。日本人の中にも、「宗教」という観点から見て、自分は何者なのかを問い直す必要を感じている者は少なくないだろう。

こうした現状を振り返るとき、コンパクトな「日本の宗教」「日本宗教史」の書物はぜひほしいところだ。村上重良『日本の宗教』はそのような需要に応じる可能性をもつ著作である。すでに初刊から四〇年近くを経ており、この間の学術的蓄積が反映されていないための物足りなさはある。だが、歴史学的な研究スタイルを身につけた著者による「日本宗教史」概説書としてこれにかわるものが見出しにくく、なお需要に応えうる書物だと思う。

村上重良の経歴と著作

著者の村上重良（一九二八—九一）は宗教学者で、専門は近代日本の宗教である。よく知られた著書に、『近代民衆宗教史の研究』（法蔵館、一九五八年、増訂版、一九六三年）、『創価学会＝公明党』（青木書店、一九六七年）、『国家神道』『慰霊と招魂』『天皇の祭祀』（いずれも岩波新書、一九七〇、七四、七七年）、『新宗教——その行動と思想』（評論社、一九八〇年）などがある。

大学では宗教学を学んだが、早くから服部之総らの歴史学者の薫陶を受け、的確な歴史叙述を行う力量を得ていった。『大本七十年史』（上下、大本、一九六四、六七年）の編纂に参加して、民衆宗教研究、近代宗教史研究の専門家としての素養を身につけた。安丸良夫とともに編み校訂した『日本思想大系六七　民衆宗教の思想』（岩波書店、一九七一年）は、日本史学や宗教学、宗教社会学における民衆宗教研究の基盤を形づくった書物である。平凡社の東洋文庫からも、一九七〇年代に村上重良校注による「民衆宗教の聖典」シリーズが相次いで刊行されている。

だが、村上はアカデミズムの中で専門論文や専門書を著していくことに力を入れる方向には進まなかった。大学等の研究教育機関の専任教員となる道を歩むよりも、広い範囲の読者のための著述に力を入れていくことになる。「宗教学」「宗教史」という分野が、大学等の研究教育機関でしっかりとした位置をもつのが難しいという事情が背後にある。

また、政治的な関心が強かったために、一九八〇年代には宗教が関わる時事問題についての評論に多くのエネルギーを注ぐことにもなった。政教分離問題に深く関わり、靖国問題について発言したり、創価学会と公明党の関係の問題について発言する機会が多くなった。晩年には信教の自由を尊ぶキリスト教の人々との協力関係も深めていった。

『日本宗教事典』と『日本の宗教』

この『日本の宗教』は歴史学的な「事実経過を叙述する」という文体で、古代国家形成以前から現代までを、コンパクトにかつたんたんと通覧する書物という点で貴重なものである。縄文時代からの考古学資料しかない時代についても概観しているのも当時は大いに助けになった。その後、多くの研究成果が積み重ねられているから、現代の学問的水準からは古いかもしれないが、それでも古代以前の宗教史叙述として、今も大いに参考になるだろう。

村上は近代宗教史の領域で多くの書物を著しているが、日本の宗教史全体を見渡した書物としては、この『日本の宗教』と『日本宗教事典』（講談社、一九七八年、後に講談社学術文庫として再刊、一九八八年）の二冊がある。『日本宗教事典』は「事典」と題されているが、通読もできるような「読む事典」である。『日本の宗教』は『日本宗教事典』の縮約版とも言える。だが、『日本宗教事典』には原始時代の宗教については述べられていない。

『日本宗教事典』では、まずは宗教教団・宗教集団・宗教伝統を項目立てし、それでは尽くせない項目を補い、「古代の宗教」「中世の宗教」「近世の宗教」「近代の宗教」に分けて、宗教史を通覧している。そして、その前に「日本の宗教」を概観する序論が付されている。これに対して、『日本の宗教』では、「古代の宗教」の前に「日本の原始宗教」が、また、「近代の宗教」の後に「むすび　現代日本の宗教」が付されている。

以上のような全体の構成から分かるように、明確な時代区分にそって、それぞれの時代に主要な宗教・宗派や教団、あるいは有力な思想動向が生まれ、それらがその時代の宗教を代表すると理解されるような宗教史の描き方になっている。たとえば、「中世の宗教」は1「鎌倉仏教」と2「南北朝・室町時代の宗教」に分けられ、前者には「浄土教と法然」、以下、鎌倉仏教から生じた現存六宗派のそれぞれが説明され、続いて「旧仏教の改革」となっている。

「中世の宗教」と顕密仏教

現在の日本宗教史の理解からすれば、「中世の宗教」の説明は「顕密仏教」から始める必要がある。つまりは平安時代に基盤ができた南都北嶺の宗教勢力が主流として大きな地位をもっていた。密教を基盤とし、神仏習合が大きな要素を占める宗教勢力だ。ところが、『日本の宗教』ではそれについての叙述がない。「鎌倉仏教」こそが鎌倉時代を代表する宗教のように読めてしまうが、「鎌倉仏教」とよばれる宗派の多くは、鎌倉時代には新興勢力であり、それほど大きな勢力ではなかった。

神仏習合については平安時代を扱った「鎮護国家の仏教」で説明がされていて、中世においてそれがどう展開したかについては述べられていない。神仏習合の流れは、近世・近代初期の民衆宗教に、そして近代・現代の新宗教につながっていくのだが、そのような流れは本書からは読み取れない。「旧仏教の改革」というところは、実は鎌倉新仏教と深い関わりがあるというのが近年の共通理解になっているが、本書ではそのようには読み取れない。叡尊・忍性らの新義律宗の運動や新義真言宗の動きについてはいくらかの叙述があるが、とくに前者の叙述は薄い。

「近世の宗教」と儒教

「近世の宗教」では、「尊王思想と復古神道」という小見出しが立てられていて、国学についての叙述にはある程度のスペースがさかれているが、水戸学についての叙述はない。儒家神道という小見出しが立てられ、そこに山崎闇斎の創始した垂加神道の叙述があるが、そもそも山崎闇斎がその受容に力を入れた朱子学が何であるかについての説明はない。儒教や道教については、「古代の宗教」の1「古代国家と神道・仏教」の中に、「道教と儒教の伝来」という小見出しが立てられているが、その後、ほとんど叙述がない。近世にこそ儒教は有力な思想潮流となり、日本宗教史にも大きな影響を及ぼしたのだが、それについての叙述がないのだ。

このような「近世の宗教」の叙述では、なぜ「近代の宗教」で冒頭から、「神仏分離と排仏毀釈」、「国家神道」が登場するのか、理解が難しいはずだ。「近世の宗教」には水戸学や国体論についての叙述はほとんどない。水戸学については五行だけ、平田篤胤の復古神道についてはやや詳しくふれられているが、それ以前の国学についても数行ふれられているだけである。これで近世から近代への宗教の流れが捉えられるだろうか。

この問題はそもそも儒教を宗教として捉えるかどうかという大きな問題とも関わっている。私は儒教を宗教と規定するかどうかは別として、日本の宗教史を理解するとき、儒教について適切な目配りをすることがたいへん重要だと考えている。東アジアの伝統思想の大きな流れと照らし合わせて日本の宗教史・文明史を理解する上でも、日本宗教史において儒教がどう作用したかを捉えるかがきわめて重要だからである。しかし、村上重良にはそのような問題意識はなかった。

今後に向けて

以上、「中世の宗教」「近世の宗教」について見てきたわかりにくさは、本書が「宗教」を主題としているにもかかわらず、教えや信仰内容についての説明が多くないということと関わりがある。近代の「国家神道」について言うと、その源流にある後期水戸学や国学についてごくわずかしか述べておらず、国体論については述べるのが省略されている。国体論についての説明は『日本宗教事典』にはあるのだが、『日本の宗教』にはない。これはスペースが足りないために、略さざるをえなかったのだと思うが、「近代日本の宗教」や「国家神道」について述べる際、国体論にふれないことは大きな欠落と感じられる。

二〇二〇年代の目から見て、本書がもの足りなく思える点をいくつかあげたが、それなら今、『日本の宗教』にかわる書物をどのように書くのかと問われると答えに詰まってしまう。なかなか容易でない仕事なのだ。とくに近代についてどのように論じるかとなれば「国家神道」の問題を通り過ぎることはできない。その源流をたどれば、古代の律令国家まで遡る。こうした問題にどう答えていくかは難問である。

どのような構えでとりかかるにしろ、本書はいわばたたき台になる。新たな試みが重ねられていくことを期待する。

（上智大学特任教授）

本書の原本は、一九八一年に岩波書店より刊行されました。

著者略歴
一九二八年　東京生まれ
一九五二年　東京大学文学部宗教学宗教史学科卒業
東京大学講師・龍谷大学講師・慶應義塾大学講師を務める
一九九一年　没

〔主要著書〕
『近代民衆宗教史の研究』（法藏館、一九五八年）、『国家神道』『慰霊と招魂』『天皇の祭祀』（岩波書店、一九七〇、七四、七七年）、『新宗教—その行動と思想』（評論社、一九八〇年）、『世界の宗教』『日本の宗教』（岩波書店、一九八〇、八一年）、『日本宗教事典』（講談社、一九八八年）

読みなおす日本史

日本の宗教
日本史・倫理社会の理解に

二〇二〇年（令和二）六月一日　第一刷発行

著　者　村上重良（むらかみしげよし）
発行者　吉川道郎
発行所　株式会社　吉川弘文館
郵便番号一一三—〇〇三三
東京都文京区本郷七丁目二番八号
電話〇三—三八一三—九一五一〈代表〉
振替口座〇〇一〇〇—五—二四四
http://www.yoshikawa-k.co.jp/
組版＝株式会社キャップス
印刷＝藤原印刷株式会社
製本＝ナショナル製本協同組合
装幀＝渡邉雄哉

ISBN978-4-642-07117-8

読みなおす
日本史

刊行のことば

現代社会では、膨大な数の新刊図書が日々書店に並んでいます。昨今の電子書籍を含めますと、一人の読者が書名すら目にすることができないほどとなっています。ましてや、数年以前に刊行された本は書店の店頭に並ぶことも少なく、良書でありながらめぐり会うことのできない例は、日常的なことになっています。

人文書、とりわけ小社が専門とする歴史書におきましても、広く学界共通の財産として参照されるべきものとなっているにもかかわらず、その多くが現在では市場に出回らず入手、講読に時間と手間がかかるようになってしまっています。歴史の面白さを伝える図書を、読者の手元に届けることができないことは、歴史書出版の一翼を担う小社としても遺憾とするところです。

そこで、良書の発掘を通して、読者と図書をめぐる豊かな関係に寄与すべく、シリーズ「読みなおす日本史」を刊行いたします。本シリーズは、既刊の日本史関係書のなかから、研究の進展に今も寄与し続けているとともに、現在も広く読者に訴える力を有している良書を精選し順次定期的に刊行するものです。これらの知の文化遺産が、ゆるぎない視点からことの本質を説き続ける、確かな水先案内として迎えられることを切に願ってやみません。

二〇一二年四月

吉川弘文館

読みなおす日本史

鎌倉幕府の転換点 『吾妻鏡』を読みなおす
永井　晋著　二二〇〇円

奈良の寺々 古建築の見かた
太田博太郎著　二二〇〇円

日本の神話を考える
上田正昭著　二二〇〇円

信長と家康の軍事同盟 利害と戦略の二十一年
谷口克広著　二二〇〇円

軍需物資から見た戦国合戦
盛本昌広著　二二〇〇円

武蔵の武士団 その成立と故地を探る
安田元久著　二二〇〇円

天皇家と源氏 臣籍降下の皇族たち
奥富敬之著　二二〇〇円

卑弥呼の時代
吉田　晶著　二二〇〇円

皇紀・万博・オリンピック 皇室ブランドと経済発展
古川隆久著　二二〇〇円

日本の宗教 日本史・倫理社会の理解に
村上重良著　二二〇〇円

戦国仏教 中世社会と日蓮宗
湯浅治久著　（続　刊）

古代日本語発掘
築島　裕著　（続　刊）

吉川弘文館
（価格は税別）